Merlins Garten

Roland Roth

Merlins Garten

Mythen, Megalithen und vergangene Welten

Reisen zu alten Kultplätzen und Stätten der Vergangenheit

Texte: © 2024 Copyright by Roland Roth

1. Auflage, 2024
Erschienen im Synergia Verlag, Alle, JU/ CH,
eine Marke der Sentovision GmbH/ S.A.R.L.
www.synergia-verlag.ch

Alle Rechte vorbehalten
Copyright 2024 by Synergia Verlag

Gestaltung und Herstellung: Pauline Trumpfheller, FontFront.com, Roßdorf
Coverbild: Blick auf das Hünenbett III in der Oldendorfer Totenstatt,
Roland Roth

Vertrieb durch Synergia Auslieferung
www.synergia-auslieferung.de

Printed in EU
ISBN-13: 978-3-907246-97-9

Bibliografische Information der Deutschen Nationalbibliothek
Die Deutsche Nationalbibliothek verzeichnet diese Publikation in der deutschen Nationalbibliografie; detaillierte bibliografische Daten sind im Internet unter http://dnb.ddb.de abrufbar.

»Wir werden nicht aufhören, zu forschen ... und am Ende all unserer Forschungen werden wir wieder dastehen, wo wir anfingen ... und werden diesen Ort zum ersten Mal erkennen.«

Thomas Stearns Eliot (1888-1965), Lyriker

Inhaltsverzeichnis

Über dieses Buch

Die steinernen Zeugnisse einer uns unbekannten Geschichtsschreibung warten bis heute auf nachvollziehbare Erklärungen und Zusammenhänge. Manche rätselhaften Funde lassen sich zeitlich nicht genau einordnen und deren Untersuchung erlauben den Schluss, dass sie wesentlich älter sein könnten, als es die gängige Lehrmeinung annimmt. Namen wie Atlantis, Hyperborea, Agartha oder Gondwana, Mu und Lemuria sind mythische Überbleibsel dieser großen Zivilisationen.

Roland Roth unternimmt einen Streifzug in unsere phantastische Vergangenheit und besucht dafür ausgewählte Stätten in unseren heimischen Gefilden. Er folgt mystischen Spuren und stellt schließlich Fragen, die uns alle angehen: Gibt es möglicherweise einen Zusammenhang zwischen solchen Orten und der Erinnerung an die alten Ur-Zivilisationen? Gab es eine Menschheit vor der Menschheit? Zerstörten weltumspannende Kataklysmen ganze Kulturen? Wo finden wir Überreste ihrer Spuren? Wird es uns irgendwann ebenso ergehen? Ein grundlegendes Gesetz der Natur besagt: Nichts in der Natur nimmt mehr als es braucht. Bricht es diese natürliche Ordnung, wird es ein Opfer derselben und stirbt über kurz oder lang aus. Sind wir heute ebenfalls eine Zivilisation, deren Grenzen erreicht sind?

Ein sehr individuelles Buch mit ganz persönlichen Reiseeindrücken.

Sicherheitshinweise

Alle Infos zu den in diesem Buch angeführten Örtlichkeiten wurden gründlich recherchiert und nach bestem Wissen und Gewissen begangen, trotzdem sind die Angaben ohne Gewähr. Bitte informieren Sie sich vor einem Ausflug über aktuelle Besucherregeln und Situationen vor Ort. Bitte befolgen Sie vor Ort entsprechende Warnhinweise. Verzichten Sie bei ihren Exkursionen nicht auf eine Begleitung. Auch abgesperrte Gelände, Privatbesitz oder Gebäude sind tabu. Bauwerke oder Ruinen müssen nicht immer „festen Boden" haben, seien Sie also vorsichtig. Tragen Sie festes Schuhwerk und entsprechende Kleidung, wenn Sie eine ungesicherte Stätte oder Ruine besichtigen. Zur Standardausrüstung gehören auch Taschenlampe und Erste-Hilfe-Paket, sowie Smartphone zur Absetzung eines Hilferufes. Lassen Sie keine Abfälle an besuchten Stätten zurück. Zerstören, beschädigen oder entfernen Sie nichts und hinterlassen Sie den Ort in seinem Ursprungszustand. Nehmen Sie nichts mit außer ihre Fotos, hinterlassen Sie nichts außer Fußspuren. Wenn wir alle auf unseren Touren achtsam sind, steht der Erkundung geheimnisvoller Stätten nichts im Wege. Vielen lieben Dank!

Bild 1: Im Inneren des Ringheiligtums Pömmelte.

Vorwort

Liebe Leserinnen und Leser,

so ziemlich jeder kennt das berühmte Stonehenge im Süden Englands mit seinen gewaltigen Steinen. Niemand weiss so genau, wofür diese Anlage aus Stein konstruiert wurde. Erst in heutigen Tagen konnten Archäologen die Herkunft der Steine genauer bestimmen. Vor rund 5.000 Jahren begannen unbekannte Baumeister mit der Errichtung eines Ringwalls und eines Kreises aus Holzstämmen, ähnlich wie die entfernten verwandten Anlagen im deutschen Goseck oder Pömmelte. Das Sonnenobservatorium von Goseck ist eine rund 7.000 Jahre alte Kreisgrabenanlage im Landkreis Sachsen-Anhalt und die Kreisgrabenanlage von Pömmelte im Salzlandkreis ist rund 4.300 Jahre alt. Vor allem Pömmelte verbindet ein Wissen zu der steinernen Anlage in England. Ich berichtete über diese spannenden Monumente beispielsweise im Buch *Das Unbekannte gibt es nicht*. Interessanterweise besitzen Stonehenge und die Anlage in Pömmelte an der Elbe fast denselben Durchmesser, wie der Archäologe Prof. Dr. Harald Meller und der Historiker Kai Michel in ihrem Buch *Griff nach den Sternen – Nebra, Stonehenge, Babylon: Reise ins Universum der Himmelsscheibe* erstmals dokumentieren.

Vor 4.500 Jahren hatte man dann in Stonehenge statt Holz Steine verwendet. Zwei Tonnen schwere Doleritblöcke wurden von den Erbauern aus über 240 Kilometer Entfernung herangeschafft, die sogenannten Blausteine. Abermals 200 Jahre später holte man 30 graue Riesensteine nach Stonehenge und bildete mit ihnen einen Kreis. Obenauf verbanden ebenfalls gewaltige Blöcke die Steinreihen miteinander. Die Erbauer holten die riesigen Sandsteine geochemischen Untersuchungen zufolge aus dem Gebiet der West Woods, das liegt etwa 24 Kilometer nördlich. So berichteten 2021 britische Forscher in der Zeitschrift „Science Advances".

Diese 20 bis 30 Tonnen schweren Sarsensteine wurden über so eine lange Strecke transportiert. Wer hat sich hier zu welchem Zweck abgerackert?

Heute geht die allgemeine Lehrmeinung davon aus, dass die Erbauer ihre Religion dort feierten, Bestattungen vornahmen oder die Anlage zu astronomischen Zwecken errichtet wurde. Andere sehen in der steinzeitlichen Anlage sogar ein überdimensionales Modell unseres Sonnensystems, wie der Astronom Mike Saunders (1935-2017), was er 1979 in seinem Buch *Stonehenge Planetarium* blitzsauber belegte. Inigo Jones (1573-1652), Hofarchitekt von König Jakob I. (1566-1625), brachte diese Anlage bereits im 16. Jahrhundert mit Kreisbahnen der Gestirne in Zusammenhang und belegte erstmals eine kosmische Verbindung von Stonehenge. Die Bestimmung der Sonnenwenden, die Vorausbestimmung der Mondphasen und Sonnen- und Mondfinsternisse bezeugen ein immenses Wissen, ein Wissen von wem auch immer. Hatte der Zauberer Merlin seine Finger im Spiel? Oder erklärt sich diese phantastische Tatsache doch eher mit einer nüchternen Betrachtung?

Im Oktober 1998 veröffentlichte der britische Professor Aubrey Burl (1926-2020) von der Universität Birmingham eine interessante Theorie über dieses Bauwerk. Burl konstatierte, dass bereits vor 6.000 Jahren Ureinwohner aus der französischen Bretagne nach Norden bis auf die britische Insel ausgewandert seien und dort ihr Wissen weitergaben.

Folgt man den Ausführungen der Enzyklopädia Britannica, soll Stonehenge, welches ursprünglich von einem irischen Riesen erbaut worden war, vom Magier Merlin mit Hilfe magischer Kräfte von Irland nach England gebracht worden sein. Dabei war es kein konventioneller Transport. Merlin machte die Steine mit Hilfe eines Zaubers so leicht wie Kieselsteine.

Das Wissen um den wahren Ursprung und Zweck von Stonehenge scheint allerdings im Dunkel der Zeit verloren gegangen zu sein. Dies gilt nicht nur für das hier kurz vorgestellte Stonehenge, sondern für zahllose Relikte aus ferner Vergangenheit. Was ist die Ursache dafür, dass wir heute kaum etwas aus der alten Zeit wissen und welche Ereignisse liegen dem zugrunde? Warum wurden oder konnten die vorhandenen Erkenntnisse nicht weitergegeben werden?

Manche rätselhaften Funde lassen sich zeitlich nicht genau einordnen und deren Untersuchungen erlauben den Schluss, dass sie wesentlich älter sein könnten als die gängige Lehrmeinung annimmt. Liessen sich solche Hochkulturen vor vielen Jahrtausenden nachweisen, welche offenbar Opfer großer Katastrophen waren, dann würde dies unser Geschichtsbild schlichtweg revolutionieren. Ein solches Szenario böte viele neue Ansatzpunkte, um Lösungen für aktuelle archäologische wie historische Rätsel zu finden. Auch in alten Mythen verborgenes Wissen würde sich einem neuen Verständnis öffnen.

Bild 2: Die Errichtung Stonehenges durch einen Riesen mit Unterstützung von Merlin. Die früheste bekannte Abbildung von Stonehenge im Waces Roman de Brut aus dem 2. Viertel des 14. Jh.

Keine Frage, wir benötigen eine neue Sichtweise zum besseren Verständnis unserer Vergangenheit. Eine Sicht, die kritischer nicht sein könnte, damit uns der auf Veränderungen sensibilisierte Blick gelingt. Dennoch müssen diese verlorenen Welten jenseits unserer heutigen Vorstellungskraft erkundet und dokumentiert werden, um dieses vergessene Wissen für unsere Gegenwart und unsere Zukunft zu nutzen.

Denken wir an das Verdrängen und Verbieten von Wissen durch die Religion oder die Unterdrückung von vorhandenem Wissen durch Unkenntnis und falsch verstandene Fertigkeiten. So kann es passieren, dass sich ein immenses Wissen nicht durchsetzt, verloren geht und erst neu wiederentdeckt werden muss. Kann Wissen also tatsächlich verloren gehen oder sind wir einfach nur nicht in der Lage, es in die heutige Zeit zu übernehmen? Fehlen uns die Möglichkeiten, dieses Wissen für die Gegenwart zu interpretieren? Wenn man bedenkt, welchen ideologischen und technologischen Sprung unsere Menschheit allein in den letzten 100 Jahren gemacht hat und was alles in dieser Zeitspanne geschehen ist, muss man davon ausgehen, dass genau dies in unserer Vergangenheit wohl des Öfteren geschehen sein kann.

Grundlagen hierfür sind immer der Erwerb und die Vermittlung von Wissen. Wissen, dass man weiterentwickelt hat und zum Nutzen der Gemeinschaft einsetzt. Das Wissen um die Nutzung des Feuers, der korrekten Aussaat und der Ernte, der Bau von Unterkünften sowie eine gewinnbringende Viehzucht wurde geschaffen und als überlebenswichtig weitergegeben. Hier geht es aber um das Wissen, was unsere Vorfahren inspiriert und angetrieben hat, monumentale Bauten zu hinterlassen. Zeichen aus der Vergangenheit, die mit genau diesem verlorenen Wissen an fast vergessenen Orten existieren, was uns zu

Spekulationen anregt. Dieses Wissen lebt in den alten Mythen, Legenden und Sagen fort und wird bewusst und unbewusst an die nächste Generation weitergeben. Wie man weiß, hat jede dieser Überlieferungen, auch wenn sie noch so mystisch ist, einen wahren Kern.

Wir sollten versuchen, wieder vermehrt das Wesentliche zu ergründen. Dieses für lange Zeit vergessene und uralte Wissen sollte die Grundlage für die Zukunft bilden und somit der Aufbruch in eine neue Zeit sein. Der menschliche Geist ist zu Erstaunlichem fähig, wenn er ein Ziel vorgesetzt bekommt; die Weiterentwicklung, das Vorwärtsstreben, nicht die Stagnation oder gar die Restauration ist die Triebfeder unserer Existenz, ob nun in biologischer, kultureller, sozialer, wirtschaftlicher, technologischer oder wissenschaftlicher Hinsicht. Jedoch ist dabei die Zukunft mindestens ebenso wichtig wie unsere Vergangenheit, insbesondere diese ferne Vergangenheit, als der Mensch die ersten Hochkulturen und beeindruckende Bauwerke schuf, die uns heute über den Sinn und Zweck rätseln lassen.

Die Megalithkultur mit ihren großartigen Spuren monströser Baukunst sind überall in der Welt in verschiedenen Epochen zu finden. Die steinernen Zeugen sind die Überreste eines uralten Wirkens, so beispielsweise bekanntermaßen in England oder Frankreich. Verwandte Bauart der Megalithkunst findet sich auch in Südamerika, wie bei den gigantischen Mauern von Sacsayhuaman, wo megalithische Felsen passgenau zu einer riesigen Festung aneinandergereiht wurden.

Die steinernen Zeugnisse einer uns unbekannten Geschichtsschreibung warten bis heute auf nachvollziehbare Erklärungen und Zusammenhänge. So verhält es sich auch mit dem weltumspannenden Phänomen der „Megalithis", deren Urheber sich bewusst für riesenhafte Bauelemente entschieden haben, um ihre Bauwerke für die nachfolgenden Generationen gegen jede Art von natürlicher Erosion und Vergänglichkeit zu schützen.

Ein Erklärungsansatz könnte beispielsweise die elektromagnetische Wissenschaft sein, denn sie könnte möglicherweise zu einem neuen Verständnis der alten Megalithstrukturen führen.

Um die Technologie der alten Baumeister und ihre Megalithen zu verstehen, müssen wir über die einfache Beobachtung gehen und erwägen, Sensortechnologien einzusetzen, um den Zweck ihrer Bauwerke zu erfassen und zu entschlüsseln, für was ein Bau verwendet wurde, welche Infrastruktur dahinter stand etc. Es gibt Hinweise, dass viele Pyramiden, Tempel und Gebäude-Komplexe entworfen und gebaut wurden, um die natürliche Energie der Erde, wie beispielsweise elektromagnetische Frequenzen anzuzapfen und diese Energie für alternative Kommunikation, Heilung, Landwirtschaft und andere Wissenschaften zu nutzen, die wir nur langsam wieder entdecken und was einst Allgemeinwissen war. Dies sind keine Fantasien oder Spekulationen, sondern herausfordernde Aufgaben der Wissenschaft, diese Hinterlassenschaften aus fernen Tagen neu zu analysieren.

Der Geologe Dr. Robert Schoch von der Boston University ist beispielsweise davon überzeugt, dass diese Ideen und Entdeckungen einen neuen und grundlegenden Ansatz zum Verständnis der Geheimnisse der alten Megalithstrukturen darstellen.

Viele prähistorische Zivilisationen haben offenbar Technologien entwickelt, die natürlich vorkommende Energien, Schwerkraftfelder und Emissionen der Erde genutzt haben, die an unterschiedlichen Standorten in vielen Teilen unserer Welt aus dem Boden fließen. Die heutige Wissenschaft wäre gut beraten, diese Kräfte zu kanalisieren und neu zu entdecken, denn diese elektromagnetischen Energien würden eine völlig neuartige Industrie hervorbringen, die unser Verständnis vom Umgang mit der Natur und Umwelt grundlegend verändern könnten.

In grenzwissenschaftlichen Kreisen ist vielfach die Rede von mächtigen Energiefeldern, beispielsweise an den Spitzen von Pyramiden, so auch an der Spitze der Hauptpyramide in Chichén Itzá und Uxmal im mexikanischen Yucatán oder die Energiemessungen an den in der Wissenschaft umstrittenen Pyramiden von Bosnien. Was aber wäre, wenn es sich dabei in der Tat um physikalisch messbare Energie handelt, die unsere Altvorderen bereits vor Jahrtausenden als Kommunikationsmittel genutzt haben?

In ihrem Sachbuch *Seed of Knowledge, Stones of Plenty* legen die Autoren John Burke und Kaj Halberg blitzsaubere Belege dafür vor, dass natürlich vorkommende Erdenergien von den frühgeschichtlichen Tempel-Erbauern zahlreicher Kulturen auf vielfältige Weise genutzt wurden.

Mit einem Magnetometer und elektrostatischen Voltmeter waren die Forscher in der Lage, die pulsierende Strömung von unsichtbaren Energiefeldern in den Mauern zu messen. Was in diesem Zusammenhang interessant ist, sind die Überreste von Klammervorrichtungen, die in die Blöcke geschnitten wurden, die zu jener Zeit offenbar aus Kupfer oder irgendeiner anderen Form von Metall bestanden. Ist es zu abwegig sich vorzustellen, dass sie als zusätzliche Anschlüsse gedient haben könnten, die sowohl das Mauerwerk gesichert haben als auch für die Strömung des Elektromagnetismus verantwortlich waren?

Diese Messungen wurden an etwa 80 verschiedenen antiken Stätten wie Carnac, Avebury, Stonehenge sowie an diversen amerikanischen Hügeln und mesoamerikanischen Pyramiden durchgeführt. Die Ergebnisse zeigen klar und überzeugend, dass diese antiken Stätten Orte sind, an denen subtile Energien von der Erde ausgehen.

Während der umfangreichen Forschung führte Burke auch eine Reihe von landwirtschaftlichen Experimenten durch und stellte fest, dass die Samen, die an solchen Standorten platziert wurden, eine schnellere Reife durchliefen und sich verbesserte Ernteerträge ergaben. Mehr dazu auch im Kapitel „Der flüsternde Stein".

Es ist offensichtlich, dass hier eine immense Forschungsarbeit nötig ist, um hinter das Geheimnis und das Wissen einer längst vergangenen Zeit zu gelangen. John Burke verstarb 2010 im Alter von 58 Jahren. Wir wollen aber hoffen, dass Burkes Arbeit dazu führen wird, dass hier tiefergehende Forschungsprojekte durchgeführt werden. Es wäre wünschenswert, wenn es sogar einige Historiker dazu ermutigen würde, ihre Ansichten über den angeblich primitiven Frühmenschen zu überdenken.

Bei vielen Megalithkulturen rund um den Globus und insbesondere in unseren heimischen Gefilden handelt es sich meiner Auffassung nach um mindestens eine ursprüngliche Mutterkultur unbekannten Alters. In diesem Buch gehe ich einigen ganz speziellen Spuren nach, die auf das Wirken dieser vergessenen Zivilisationen hindeuten könnten. Sie waren weltweit verbreitet und hatten in unterschiedlichen Regionen über lange Zeiträume existiert. Durch Kataklysmen von ungeheurem Ausmaß und womöglich kosmischer Natur fand diese erste Hochkultur ein jähes Ende. Doch das

Wissen konnte teilweise oder zumindest rudimentär, vielleicht in entfernten Kolonien, die das globale Inferno überlebt hatten, an nachfolgende Kulturen weitergegeben werden.

Die einstigen Fähigkeiten dieser Megalithiker sind uns unbekannt. Lediglich die bautechnischen Errungenschaften sind geblieben, die unseren heutigen Fähigkeiten mindestens ebenbürtig, bisweilen sogar überlegen waren. Diese polygonale Bautechnik folgt auf der ganzen Welt einem gleichen Muster, weil verschiedene Lehrmeister ihr ganz persönliches Wissen an unterschiedlichen Orten vermittelten. Mehr noch: sie gaben ihre Kenntnisse an ihre Schüler und Nachkommen weiter, die es in den späteren Epochen ebenfalls weiterreichten, oftmals als streng gehütetes Wissen. Wie die teilweise viele Tonnen schweren Steinbrocken transportiert und verbaut wurden, bleibt allerdings bis heute ein Rätsel, trotz der meines Erachtens vergeblichen Rekonstruktionsversuche und Experimente heutiger Forscher. Sogar unsere moderne Bautechnik wäre kaum in der Lage, solche gewaltigen Bauelemente problemlos zu verbauen oder hätte mit erheblichen logistischen und technischen Problemen zu kämpfen.

Die Autoren Peter Lippert und Dr. Klaus-Ullrich Schmidt stellen übrigens in ihrem beeindruckenden Werk *Das Leuchten der Megalithen* treffend fest, dass die wohl älteste Hochkultur des Altertums in der modernen Archäologie völlig unbeachtet bleibt: die Megalithiker. Nach ihren langjährigen Forschungen gehen sie davon aus, dass die ehemaligen Erbauer der Großsteinanlagen entgegen weitläufiger Meinung aus dem Norden kamen. Sie berücksichtigten dabei die auffällige Dichte von megalithischen Bauwerken im Norden Europas. Dabei stießen die beiden Forscher auf die Hyperboreer, von denen in alten Mythologien berichtet wird.

Hyperborea ist ein griechischer Begriff und bedeutet in etwa „jenseits des Nördlichen". Die Griechen verorteten dieses sagenhafte Land dort, wo sich die Sonne zur Ruhe begibt. Es läge an der Achse, auf der sich das Firmanent dreht, eine Umschreibung für den Nordpol. Schon die griechischen Gelehrten Diodor (90-30 v. Chr.) oder auch Plinius der Ältere (23-79 n. Chr.) berichteten von Hyperborea. Es ist einerlei, ob man sie Megalithiker, Hyperboreer oder Atlanter nennt und diese geheimnisumwitterten Völker unter vielen Bezeichnungen in die Erzählungen der nachfolgenden Kulturen eingegangen sind. Was bleibt, ist die bloße Existenz ihrer Hinterlassenschaften in Stein und die vagen Erzählungen in Mythen und Sagen. Auf diese Spuren müssen wir uns stützen, auch wenn diese nur zu oft rein hypothetisch bleiben müssen.

Ich nenne das die alternative Sicht der Dinge, fernab der gängigen Medien. Als langjähriger Autor und Journalist war ich es schon immer gewohnt, hinter die Kulissen des großen Spiels zu schauen, ob da nicht doch vielleicht mehr ist, als uns augenscheinlich suggeriert wird. Den berühmten Blick über den Gartenzaun habe ich längst hinter mir. Ein Zurück kann es für mich nicht mehr geben. Möglicherweise geht es Ihnen, liebe Leserinnen und Leser, ähnlich wie mir.

Ich freue mich daher umso mehr, dass Sie sich die Zeit nehmen, die Beiträge im vorliegenden Buch zu lesen, die unvoreingenommen einige besondere Stätten vorstellen, die ich unter die Lupe genommen habe. Wer ein Buch über den Zauberer Merlin erwartet hat, den muss ich enttäuschen. Vielmehr handelt diese Arbeit von den alten Zeugnissen der uns unbekannten Baumeister und von persönlich ausgewählten Orten. Im ersten Teil des Buches gebe ich einen Überblick über die kontroverse Thematik der sogenannten „Lost Cultures", den verlorenen und vergessenen Zivilisationen. Im zweiten Teil des Buches stelle ich ausgewählte Stätten vor, die gar nicht so weit weg von uns sind und dennoch ihre eigenen Rätsel besitzen. Diese mystischen Plätze mögen als Beispiele verdeutlichen, wie vielfältig die Spuren aus ferner Vergangenheit sein können. Sogar fast vor unserer Haustür. Vielleicht führt die ein oder andere Spur zu den uralten Baumeistern der Vorzeit. Andere Hinweise werden einem jüngeren Datum zuzuordnen sein. Ob Merlin ein überlebender Lehrmeister aus einer verschollenen und hochentwickelten Kultur war, darüber können wir derweil nur spekulieren.

Übrigens: Wenn Sie ebenfalls auf Spurensuche gehen möchten, finden Sie am Ende der Kapitel über die besuchten Stätten weitere Infos und Koordinaten, die Google® Plus Codes, von ausgewählten Orten. Plus Codes funktionieren ähnlich wie Adressen. Sie können damit eine einfache digitale Adresse abrufen. Nähere Erläuterungen dazu finden Sie am Schluß des Buches.

Vielen Dank, Ihr Roland Roth.

Bild 3: Area One, ehemaliges Sonderwaffenlager der NATO.

Bild 4: Einer der vielen Bunker, heute fast vergessen.

Area One – Stätte der Vergangenheit

Wenn man von Stätten der Vergangenheit spricht, ist meist die Rede von steinernen Zeugen aus uralten Zeiten, von Überresten großer Kulturen, die vor Jahrtausenden existiert haben. Zur Einstimmung möchte ich Ihnen aber einen modernen Ort des Vergessens präsentieren. Warum? Weil er wunderbar veranschaulicht, wie schnell relevante Zeugnisse einer Zivilisation der Vergessenheit anheimfallen können.

Einer dieser Orte ist die Area One. Sie haben richtig gelesen, ich habe mich nicht verschrieben. Die Area One könnte man aber durchaus als die deutsche Version der berühmtberüchtigten Area 51 in Nevada bezeichnen, ein militärisches Sperrgebiet im südlichen Nevada, das von der United States Air Force und dem US-amerikanischen Verteidigungsministerium betrieben wird. Hier soll es immer wieder zu Sichtungen exotischer Flugkörper gekommen sein und Gerüchten zufolge sollen auf der Basis außerirdische Lebensformen erforscht werden.

Die Hintergründe zur Area One mögen vielleicht nicht ganz so spektakulär sein, aber sind nichtsdestotrotz unheimlich spannend. Area One ist nämlich ein ehemaliges Sonderwaffenlager des Nordatlantikpakts North Atlantic Treaty Organization (NATO) aus der Zeit des Kalten Krieges, in dem seit 1955 offenbar auch Nuklearwaffen gelagert wurden. Dieses vergessene Relikt unserer Geschichte liegt in Fischbach bei Dahn. Als ich mit meiner Frau und Hund Fritz diese verlassene Militärbasis 2019 besuchte, waren wir die einzigen Besucher weit und breit. Eine unheimliche Stille lag über diesen Ort.

Das Militärgelände bestand einst aus über 100 Bunkern und unzähligen Gebäuden. Auch ein Offizierskasino, Sportstätten und ein Kino gab es hier. Ebenso eine Kirche, Verwaltungsgebäude und natürlich Unterkünfte für die Soldaten. Der 17 Hektar große Hochsicherheitsbereich Area One war der Zentralbereich mit seinen Sonderwaffenlagern.

Nach terroristischen Anschlägen der Roten Armee Fraktion (RAF) in Deutschland wurde die Basis Ende der 70er Jahre zum Hochsicherheitslager umfunktioniert. Das Depot mit seinen Atomwaffen erhielt einen festungsähnlichen Ausbau mit allen Schikanen, dazu gehörten technische Gimmicks wie Mikrowellen-Bewegungsmelder und Geräuschdetektoren.

Heute kann man das einstmals rege Treiben in der Area One nur noch erahnen. Längst hat sich die Natur das Gelände zurückerobert. Bunker und Depots für Raketenwaffen sind heute leer, alles ist überwuchert mit Büschen und Bäumen. In den ehemaligen Verwaltungs- und Zentralgebäuden stehen nur noch metallene Gerippe von früheren Schaltanlagen oder Einsatzzentralen. Die Gänge und Räume sind gespenstisch leer, doch ich stelle mir das rege Treiben vor, was hier einst geherrscht haben muss.

1994 wurde Area One von den amerikanischen Streitkräften an die Bundesrepublik Deutschland zurückgegeben. Stahltürme und Sicherungsanlagen wurden demontiert, das Gelände wieder aufgeforstet. Heute steht die Anlage als Mahnmal unter Denkmalschutz, ist mit einem beschilderten Rundweg ausgestattet und dient als Informations- und Dokumentationszentrum.

Offensichtlich verirrt sich hier nur selten jemand her und wenn, dann sind es neben interessierten Touristen offenbar auch Graffiti-künstler, die hier ihre Werke an den maroden Wänden hinterlassen haben. Als wir entlang der Bunkerallee flanieren, riskieren wir einen Blick in offenstehende Bunker. Die schweren Stahltore hatte man damals mit Spezialschlössern versehen. Nach Augenzeugen-berichten waren viele der leeren Bunker zur Zeit ihrer Nutzung randvoll bestückt. Mein Hund Fritz lugt neugierig in das dunkle Innere der großen Bunker, scheinbar entdeckt er aber nichts, was ihn besonders interessiert oder worauf er anschlagen würde. Ich habe mir angewöhnt, bei solchen Exkursionen stets meinen Hund dabei zu haben. Der tierische siebte Sinn und die Reaktion der Vierbeiner an geheimnisvollen Orten haben mir schon so manches Mal interessante Erlebnisse beschert. Das habe ich schon mit Otto, dem Vorgänger von Fritz, so gemacht. Sie werden noch hier und da in diesem Buch davon lesen.

Die „moderne Burg", wie die Area One heute genannt wird, ist ein spannendes Zeugnis aus einer Vergangenheit, die noch gar nicht so lange zurückliegt, dennoch ist es schon heute ein fast vergessener Ort, überwuchert vom Schleier vergangener Zeiten. Es bleibt zu hoffen, dass dieses beeindruckende Kulturdenkmal noch lange erhalten bleibt. Viele Zeugnisse aus dem Dunkel der Zeit sind ebenfalls erhalten geblieben, meist nur rudimentär und mit vielen offenen Fragen. Dennoch sind sie da, Bauwerke, steinerne Monumente und alte Überlieferungen. Unfassbares Wissen, welches nicht verloren gehen darf, wie es schon so oft in der Geschichte der Menschheit geschehen ist.

„Wer vor der letzten Folgerung erschrickt,
soll nicht forschen, er soll glauben. "

Jakob Moleschott (1822-1893), holländischer Naturforscher

Zerstört und vergessen:
Das verlorene Wissen der Menschheit

Der Untergang vieler großer Kulturen fing meist mit dem Verlust von angesammeltem Wissen an. Besonders im Mittelalter wurde Jagd auf *„Zauberbücher"* gemacht und George Orwells (1903-1950) Meisterwerk *1984* zeigt anschaulich, was mit nicht regimekonformen Schriften zu geschehen hatte. Auch in Ray Bradburys (1920-2012) *Fahrenheit 451* ist es ein schweres Verbrechen, Bücher zu besitzen oder zu lesen.

Bücherverbrennungen waren da in sämtlichen Epochen der menschlichen Existenz ein probates Mittel, angesammeltes Wissen und die Identität ganzer Kulturen auszulöschen. Eine Bücherverbrennung ist laut Definition „die demonstrative Zerstörung von Büchern oder anderen Schriften durch Feuer". Meist handelt es sich um moralische, politische oder religiöse Gründe, die nicht selten staatlich inszeniert waren. Diese Druckwerke mit ihrem unrühmlichen Ende wurden zumeist als blasphemisch, ketzerisch, unmoralisch oder obszön bezeichnet und gerne unter dem Johlen der Menge und mit viel Tamtam öffentlich verbrannt. Doch wer sich in der Menschheitsgeschichte umschaut, dem fällt die Häufigkeit auf, in der unschätzbares Wissen dem Feuer des Irrglaubens oder dem Wahn zum Opfer fielen. Dabei sind die klerikalen Zerstörungen der römischkatholischen Kirche und die Bücherverbrennungen von 1933 im nationalsozialistischen Deutschland nur die bekanntesten Tragik-Momente der Wissensvernichtung von dem in aller Regel alten, unwiederbringlich verlorenen Erbe.

Erste Buchexekutionen sind aus der Antike bekannt. Der römische Kaiser Diokletian (244-311 v. Chr.) ließ in Konstantinopel die Schriften der Christen vernichten. Der chinesische Kaiser Qin Shihuangdi (259-210 v. Chr.) griff um das Jahr 213 v. Chr. im Zuge der Reichseinigung zu absolut rigorosen Maßnahmen. So wurde die Vielfalt der philosophischen Schulen kurzerhand abgeschafft und verboten. Erlaubt war, wen wundert´s, einzig die staatstragende Philosophie. Alles andere wurde dem Feuer übergeben.

Schon ab dem 4. Jahrhundert sind Nachweise für die Einäscherung von „Zauberbüchern" im Rahmen christlicher Bekehrung bekannt. Vom frühen bis ins späte Mittelalter hinein gibt es Schilderungen, dass „Zauberbücher" der Vernichtung anheimfielen. Besitzer von solchen verbotenen Werken wurden mitunter mit dem Tode bestraft. Die „Res Gestae Divi Augusti" („Die Taten des vergöttlichten Augustus"), der Leistungs- oder Rechenschaftsbericht des Ammianus Marcellinus (etwa 330-395), berichtet von der Verfolgung und Hinrichtung von Personen, denen der Besitz von Büchern mit verbotenem Inhalt vorgeworfen wurde. Ihre Codices und Rollen wurden in großer Zahl öffentlich verbrannt. Bei den umstrittenen Lettern soll es sich vor allem um Werke der „Artes liberales", der klassischen antiken Wissenschaften gehandelt haben. Aus Furcht vor ähnlichen Schicksalen vernichteten die Besitzer in den östlichen Provinzen ihre ganzen Bibliotheken. Rein prophylaktisch, versteht sich. Unschätzbares Wissen ging in diesem Wahnsinn verloren. Bekannt ist auch die Zerstörung des Serapeums in Alexandria, Gelehrtensitz vieler Epochen, das 391 n. Chr. in Flammen aufging. Gern wird auch jene Geschichte erzählt, der zufolge die Bücher der großen Bibliothek von Alexandria vom muslimischen Eroberer Emir Amr ibn al-As (580-664) vernichtet wurden. Auf Befehl des Kalifen aus Konstantinopel sollen damit sechs Monate lang die 4.000

Bäder von Alexandria geheizt worden sein. So verwandelten sich unschätzbare Werke wegen warmen Blubberwassers in Staub und Asche.

Doch damit nicht genug im Wahnwitz der Geschichte. Im Jahre 1256 ordnete der Mongolen-Khan Hülegü Chan (um 1217-1265) die Verbrennung der großen Bibliothek an, welche die Assassinen auf Alamut zusammengestellt hatten. Lediglich alle Koran-Handschriften und einige wissenschaftliche Werke wurden zuvor aussortiert. Den Gipfel der verblendeten Zerstörungswut erreichte am 12. Juli 1561 der Bischof von Yucatán, Diego de Landa (1524-1579). Der ließ nämlich alle Götzen und Objekte, von denen er glaubte, dass sie den Maya zur Teufelsanbetung dienten, auf einem Scheiterhaufen verbrennen. Nur vier Codices überlebten die Flammen. Welche phantastischen „Götzen" und „Objekte" da verloren gingen? Unbekannt. Sicher ist nur, dass es sich um unwiederbringliche Zeugnisse einer großen Kultur handelte.

Der pure Wahnsinn fraß sich weiter durch die Geschichte. In Kambodscha waren es die Roten Khmer, die 1975 an die Macht kamen und völlig durchdrehten. Deren Führer Pol Pot (1925-1998) wollte eine reine Agrargesellschaft schaffen, in der jeglicher Intellekt verboten war. Geld wurde abgeschafft, Bücher wurden den Flammen übereignet. Lehrer, Händler und fast die gesamte intellektuelle Elite des Landes wurde ermordet, um die wirren Phantasien eines Despoten zu verwirklichen. Ein ebenso unsagbares Verbrechen geschah im Mai 1981, denn da wurde die Jaffna Public Library in Sri Lanka gestürmt und niedergebrannt, wobei über 97.000 Bücher und Palmblatt-Manuskripte den Flammen zum Opfer fielen. Weiter ging es im Nahen Osten, genauer gesagt Afghanistan. Die 1987 gegründete Nasiri Khuschra Stiftung in Kabul beinhaltete einen großen Schatz an Museumsgütern und Schriften.

Die persische Sammlung war einmalig und enthielt unschätzbare Werke. Am 12. August 1998 zerstörten die Taliban Druckerei, Museum und Bücherei und verschonten hierbei nicht einen Band.

Und heute, im 21. Jahrhundert, werden Personen und ihre Werke immer noch diffamiert oder verleugnet, wenn sie systemkritische Themen ansprechen. Ein vernünftiger Diskurs findet meist nicht statt. Führende Medien geben eine Meinung vor, die bereitwillig zu schlucken ist. Ungeliebte Inhalte werden in elektronischen Medien gelöscht, reales Feuer braucht es nicht mehr. Das ist dann die digitale Verbrennung.

Und im wahrsten Sinne des Wortes „brandaktuell", werden Zeugnisse der Geschichte zerstört, weil sie fanatischen Weltverbesserern nicht in ihren Kram passen, wie beispielsweise 2020 bei den Unruhen aufgrund der Geschehnisse um den Afroamerikaner George Floyd. Denkmäler wurden zerstört und geschändet, ein politischer Ikonoklasmus, den man bisher nur von den Taliban kannte, deren Bildersturm in Afghanistan 2001 seinesgleichen suchte. Und was zeigen uns diese aktuellen Greueltaten an Kultur und Geschichte? Die Gesellschaft ist keinen Deut weiter, es findet eher eine Rückentwicklung in Barbarei und Zerstörung statt, wenn wir uns als Gesellschaft nicht an das erinnern, was einmal war. Wer seine Vergangenheit leugnet, kennt auch keinen Weg und kein Ziel für die Zukunft.

Wird die Menschheit also jemals aufhören, unschätzbare Vermächtnisse alter Kulturen zu vernichten, zu zerstören oder der Vergessenheit zu überlassen? Viele Hinweise auf uralte und verschollene Zivilisationen sind nicht zuletzt durch das aggressive Wirken von nachfolgenden Generationen unwiederbringlich zerstört worden. So ist es denn kein Wunder, dass nach Zeitspannen, die Jahrtausende zurückliegen, kaum Spuren etwaiger Kulturen auffindbar sind, die möglicherweise die ursprünglichen Lehrmeister der nachkommenden Menschengeschlechter waren. Sind so die „Wissens-Explosionen" mancher Gesellschaften zu erklären, die bis zu einem Tag X Jäger, Sammler oder Bauern waren? Bis eines Tages Gelehrte von fernen Gefilden eintrafen, die den Menschen das notwendige Wissen brachten, um eine Zivilisation aufzubauen, wie wir sie heute vorfinden? Und wie oft ist dies im Verlaufe der Erdgeschichte schon geschehen?

Durch die Archäologie können wir uns heute interessante Einblicke in unsere eigene Vergangenheit bescheren, denn die menschliche Rasse war seit jeher begierig, ihren Ursprung kennenzulernen. Diese Wissbegier ist einer der vielen Wesenszüge, die uns von der Primitivität abhebt. Die Menschen haben nicht nur das Verlangen, sich ihrer Geschichte und ihres Anfangs bewusst zu werden, sondern es ist sozusagen eine Verpflichtung an uns und unseren Vorvätern gegenüber, das Wissen unserer Zivilisation zu bewahren. Wir sind stark daran interessiert, woher wir gekommen sind. Wenn wir unsere Vorfahren mit all ihren Sitten und Bräuchen, all ihren Errungenschaften kennenlernen, hilft uns das vielleicht, zu verstehen, wohin unser Weg führt. Denn nur wer Licht in das Dunkel der Vergangenheit bringt, kann bereit sein für die Zukunft. Versunkene und sagenhafte Städte wurden auf diese Weise wiederentdeckt und mit ihnen wieder ein Bruchstück mehr über die Geheimnisse der Geschichte.

Es gab viele archäologische Glanzpunkte in unserer heutigen Zeit. Die Ägypter und ihr großes Vermächtnis, die Sumerer mit ihren einst verschollenen Städten. In Amerika waren es die alten Städte der Anasazi-Indianer. Bis heute ist unklar, ob Seuchen, Hunger oder andere Einflüsse ihren Untergang besiegelten. Ich berichtete darüber bereits in einem früheren Buch ausführlich.

Ein besonderes Augenmerk verdienen auch die Städte im mittel- und südamerikanischen Dschungel. Ohne rege Verbindung mit den Menschen aus Europa und Asien entwickelten sich ebenfalls große Zivilisationen wie die Mayas, Teotihuacanos, Olmeken oder Azteken. Der hohe kulturelle Standard dieser alten Völker ist bemerkenswert. Städte wie Teotihuacán, Puma Punku, Tikal, Cusco oder Machu Picchu zeugen von monumentalem Wissen, dessen Ursprung auch hier nicht genau verifizierbar ist. Bauwerke und Mauern waren in einer einzigartigen Präzision konstruiert worden. Die Konstruktion von riesigen Pyramiden, Steinmauern und Festungen aus fast unzerstörbarem Tiefengestein war eine Selbstverständlichkeit für diese Kulturen oder ihrer Vorgänger. Als die Spanier, allen voran Francisco Pizarro (1476-1541), im Jahre 1532 auf dem amerikanischen Kontinent eintrafen und diese Völker aus der Geschichte radierten, gingen wertvolle Hinweise auf die eigentlichen Ursprünge dieser Kulturen verloren.

Einen besonders interessanten Hinweis auf verschollene Kulturen finden wir in den Annalen des spanischen Konquistadors Francisco de Orellana (1511-1546), der auf der Suche nach dem sagenhaften El Dorado als erster Europäer den Amazonas von West nach Ost befuhr. Er stieg 1541 von Quito aus mit seinem Tross über die Berge hinab in dampfende Dschungelwälder, fuhr acht Monate lang auf einem riesigen Strom, fast 6.000 Kilometer bis zur Mündung und entdeckte so zwar nicht El Dorado, wohl aber den Amazonas. Dem Konquistador verdankt der Strom auch seinen Namen, denn sein mitreisender Dominikaner-Mönch Gaspar de Carvajal (1500-1584) berichtete in seinen Aufzeichnungen über eine seltsame Begegnung:

„Als wir dem Ufer immer näherkamen, begannen die Indios mit Pfeilen nach uns zu schießen, und da es zahlreiche Krieger waren, schien es, als regne es Pfeile. Aber unsere Arkebusiere und Armbruster waren auch nicht träge. Obwohl sie viele töteten, schienen es die Indios gar nicht zu merken, denn trotz des Schadens, der ihnen zugefügt wurde, machten sie unermüdlich weiter, indem die einen kämpften, die anderen Kriegstänze vollführten ... Ich will, dass man erfährt, warum diese Indios sich auf solche Weise verteidigten. Es muss erklärt werden, dass sie tributpflichtige Untertanen der Amazonen sind. Als sie von unserem Kommen erfahren hatten, wandten sich die Indios mit der Bitte um Hilfe an diese, und es kamen so etwa zehn bis zwölf von ihnen, denn wir selbst sahen diese Frauen, die als weibliche Hauptleute in vorderster Front von allen Indios kämpften. Die Frauen sind sehr hellhäutig und groß und tragen langes Haar, das sie geflochten und um den Kopf gewickelt haben. Sie sind sehr kräftig und gehen ganz nackt, wobei allerdings ihre Schamteile bedeckt sind."

Orellana berichtete neben seinen Kontakten mit den Amazonen in seinen Aufzeichnungen auch über Millionen Menschen, welche die Ufer des Amazonas in großen Städten besiedelten. Spätere Expeditionen fanden jedoch nichts als Regenwald, daher nahm man an, dass Orellana gelogen habe. Allerdings ergaben moderne Forschungen eine erhebliche menschliche Siedlungstätigkeit im Amazonasbecken. Diese Behauptung wird durch das massive Vorkommen von „Terra preta" gestützt, die portugiesische Bezeichnung für „schwarze Erde". „Terra preta" bedeutet nicht mehr und nicht weniger als im Amazonasbecken anzutreffenden anthropogenen Boden, also die durch Menschen verursachten Rückstände, so beispielsweise Asche, Biomasse, Küchenabfälle, Verkohlungsrückstände, Knochen, Dung oder menschliche Fäkalien. Die Verwitterung schreitet in den Tropen relativ rasch voran und die geografischen Abschätzungen lassen darauf schließen, dass das Amazonasbecken einst fünf bis zehn Millionen Menschen beherbergt haben könnte. Hierbei entstanden die meisten dunklen Böden zwischen 700 und 1000 n. Chr., andere sind allerdings weitaus älter. Wo sind sie alle hin, diese Menschen?

Möglicherweise fielen sie den Epidemien zum Opfer, die später von den europäischen Eroberern eingeschleppt worden waren, niemand weiß es genau.

Viele Hochkulturen auf der Welt wurden durch das Auf und Ab der menschlichen Geschichte ausgelöscht. Weder zerstört noch bewohnt, wurden die Gebäude meist vom unerbittlichen Dschungel überwuchert oder fielen den „baulichen" Maßnahmen späterer Epochen zum Opfer. In der Welt finden sich zahllose Relikte von einstmals großen Zivilisationen und deren Baukunst fasziniert uns noch heute. Sie lässt uns staunen ob der Leistungsfähigkeit dieser frühen Völker und führt uns unweigerlich immer wieder zum Ursprung ihres Wissens, das meist von sogenannten „Entwicklungssprüngen" geebnet sind, die sich die moderne Wissenschaft nur unzureichend erklären kann.

Auch der bekannte deutsche Mathematiker und Astronom Carl Friedrich Gauß (1777-1855) war der Ansicht, dass in vorgeschichtlicher Zeit schon einmal ein Volk mit erstaunlich hoher Kultur gelebt haben müsse. Immerhin waren Kenntnisse von Himmelskörpern bereits zu einer Zeit verbreitet, als es die heutigen Teleskope noch nicht gab.

Der arabische Volksstamm der Chaldäer im Südwesten Babyloniens besaß beispielsweise überaus exakte astronomische Kenntnisse. Nach dem Astronomen Richard Anthony Proctor (1837-1888) wäre dies ohne optische Hilfsmittel fast undenkbar.

Ptolemaois III., Euergetes (246-221 v. Chr.) ließ ein geheimnisvolles Instrument auf dem Leuchtturm von Alexandria anbringen, mit dessen Hilfe man angeblich die „fernen Schiffe sehen" konnte. Auch der englische Philosoph und Gelehrte Roger Bacon (1214-1294) beschrieb in der Theorie ein Fernrohr:

„Denn es können durchsichtige Medien so für das Auge und das Objekt angeordnet werden, dass die Strahlen dorthin gebrochen werden, wo und unter welchem Winkel wir wollen, so dass wir ein Ding in der Nähe und in der Ferne sehen können. Und so vermögen wir, aus unglaublicher Entfernung die kleinsten Buchstaben zu lesen, und da wir den Sehwinkel beliebig vergrößern können, so muss ... was weit entfernt ist, ganz nah erscheinen und umgekehrt ... ja, wir würden Sonne und Mond gleichsam vom Himmel herabziehen können."

Woher stammt dieses Wissen über die Gesetze der Optik? Bacon wußte ebenso, dass man Wagen bauen könne, die ohne Zugtiere fahren. Bezog er sein Wissen aus antiken Schriften? Der deutsch-hollländische Brillenmacher Hans Lipperhey (1570-1619) erfand das niederländische Fernrohr schließlich im Jahre 1608. Eine Wiederentdeckung aus vorgeschichtlicher Zeit?

Der Schweizer Mathematiker und Astronom Johann Baptist Cysat (1587-1657) baute Teleskope und beobachtete 1618 den Kometen C/1618 W1. Er berichtet auch über eine von dem Mönch Conrad von Scheyern († nach 1245) begonnenen Chronik im Kloster Scheyern im Bistum Freising, die sich heute in der Münchener Saatsbibliothek befindet. Darin findet sich die Zeichnung eines Mönchs, der mit einem Fernrohr die Sterne beobachtet, 400 Jahre vor der Erfindung des optischen Instruments. Die Fachwelt streitet heute noch darüber, ob es sich hierbei um ein Fernrohr mit Glasoptik oder um ein auf beiden Seiten offenes, glasloses Rohr handelt.

Der römische Politiker, Anwalt, Schriftsteller und Philosoph Marcus Tullius Cicero (106-43 v. Chr.) berichtet von einer Übertragung der Ilias, „die auf so leichtem Pergament geschrieben ist, dass sie in einer Nußschale Platz hätte". Der römische Geschichtsschreiber Titus Livius (59 v. Chr.-17 n. Chr.) weiß ebenfalls von phantastischen Dingen zu erzählen: „Mimecides hat eine Quadriga (Viergespann) in Elfenbein geschnitzt, die so klein war, dass sie eine Fliege mit ihren Flügeln bedecken konnte." Der französische Astronom Theophilus Moreux (1867-1954) berichtet von einem im Cabinet des Médailles ausgestellten Siegel, in das auf einer kreisförmigen Fläche von sieben Millimetern Radius 15 Figuren eingeritzt sind. Angeblich soll es von dem italienischen Maler, Bildhauer und Baumeister Michelangelo (1475-1564) stammen oder noch weitaus älter sein. Wie hatte man diese Miniatur-Meisterwerke geschaffen? War die vergrößernde Wirkung optischer Linsen also schon früher bekannt?

Für uns zählt nicht, wie wir diese in dunkle Schatten gehüllte Vergangenheit nennen wollen, sondern nur die Tatsache, dass es lange vor der uns bekannten Geschichtsschreibung und den uns bekannten Kulturen Zivilisationen gab, die hochentwickelt waren und in den unendlichen Zeiträumen verschwanden, bevor wir überhaupt das erste Fernrohr, den ersten Tempel oder die ersten Werkzeuge abermals „erfanden". Diese Überlegungen werden sich in vielen Bereichen mit denen anderer Forscher auf so einem schwierigen Gebiet decken, die von der Frage ausgehen, ob es vor etlichen Jahrtausenden eine Menschheit vor der Menschheit gab und wir müssen dazu auch umstrittene Quellen zu Rate ziehen, denn wir sollten einen möglichst umfassenden und objektiven Blick auf Sagen, Überlieferungen und Spuren werfen, die uns möglicherweise einen kurzen Moment aus jener fernen Zeit erhaschen lassen.

Und was lehren uns die Stätten der Vergangenheit und das verlorene Wissen? Nicht mehr und nicht weniger als die unumstößliche Tatsache, dass alles, was wir heute geschaffen haben, lediglich eine Momentaufnahme in den unendlichen Abläufen der Zeit ist. Unsere Zivilisation, unsere kulturellen Errungenschaften und unsere kleingeistigen Zankereien sind nur ein Wimpernschlag im großen Universum. Vielleicht hilft uns heute ein wenig mehr Demut, das Leben und das Zusammensein mit unseren Liebsten ganz bewusst zu genießen.

Bild 5: Der Parthenon der Bücher auf der „documenta 14" in Kassel erzählt von der Zensur und Vernichtung verbotener Bücher. Ein Mahnmal der Künstlerin Marta Minujín.

Auf der Jagd nach Mu:
Das uralte Menschengeschlecht

Das Andengebiet Südamerikas ist eine Region mit einer weit-reichenden Geschichte. Zahlreiche Kulturen gaben sich hier ein Stelldichein und vollbrachten teils unglaubliche Leistungen der Baukunst und Architektur. Die spanische Kolonialzeit setzte der unbeeinflußten Weiterentwicklung auf diesem Kontinent ein jähes Ende.

Über Jahrtausende hatte die indianische Bevölkerung all jene Entwicklungen vollzogen und Errungenschaften gemacht, die zusammen die Voraussetzung gut organisierter Gesellschaften bilden. Die Inka-Kultur (1476-1532 n. Chr.) hatte hierbei etliche Vorläufer, von denen sie vieles in ihre Kultur übernahmen. Diese Vorläufer lassen sich laut gängiger Geschichtsschreibung mindestens bis 1500 v. Chr. zurückverfolgen, wo im nördlichen Hochland die frühe Chavin-Kultur bis 300 v. Chr. wirkte, die bereits Monumentalarchitektur beherrschte, Bewässerungskanäle anlegte und imposante Steinskulpturen schuf.

Eine wichtige Vorläuferkultur der Inka bildete die Tiahuanaco-Kultur, die nach gängiger Lehrmeinung um 1200 n. Chr. wirkte. Von ihr haben die Inkas die Architektur und gar die Gottheiten übernommen. Wer davor kam, ist noch heute Spekulation. Monumentale Bauten in Stein am Titicacasee in 3.625 Metern Höhe geben Zeugnis ab von einem hochentwickelten Volk, dem polygonale Bautechnik kein Fremdwort war.

Die Inka, die im heutigen Peru lebten, werden als die Nach-kommen der Viracochas angesehen, den mythologischen Figuren aus grauer Vorzeit. Meist werden diese Individuen als Fabelwesen abgetan. Dies verwundert nicht, denn das Wissen über die Inkageschichte wurde hauptsächlich mündlich weitergegeben und ging verloren.

Das Reich der Inka erreichte bis 1490 eine Ausdehnung bis nach Kolumbien im Norden und Chile im Süden. Im Jahr 1532 gingen das Inka-Reich und mit ihm die vorspanische Welt unter. Das Heer des Konquistadoren Francisco Pizarro nahm den Inka-Herrscher Atahualpa (1502-1533) gefangen, die Inka-Armeen wurden nach verschiedenen Aufständen seiner Nachfolger endgültig geschlagen. Alles war verloren. Leider zerstörten die Spanier alle Aufzeichnungen der Inka und bis heute ist die seit den Inka gesprochene Sprache der Quechua, auch bekannt als „runa simi", durch die peruanische Regierung und den Klerus verpönt.

Überlieferungen sprechen auch davon, dass die Inka von einer bestimmten Rasse einer nur minimalen Population abstammen. Diese Berichte beschreiben diese Urväter als rothaarig oder sogar blond, von sehr heller Hautfarbe und großer Gestalt. So wie Viracocha, der Schöpfergott, der nicht mit den Viracochan zu verwechseln ist, die auch die Vorfahren der Inka waren, deren Heimstätte die rätselhafte Stadt Tiahuanaco war, die im heutigen Bolivien liegt. Dieser Viracocha soll zu den einst wilden Menschen gekommen sein und hätte sie in Ackerbau, Metallurgie, Astronomie und anderen Wissenschaften unterrichtet. Er wird kurioserweise als groß, mit blondem Haar und Bart beschrieben.

Ein anderes Volk waren die im heutigen Peru ansässigen Chachapoya, die Legenden zufolge rote Haare und helle Hautfarbe aufwiesen. Etwa 750 Kilometer nördlich von Lima lag ihr Hauptzentrum Kuelap. Laut Inka-Nachkommen und dem Chronisten Garcilaso de la Vega (1501-1536) fand die Eroberung der Chachapoya durch die Inka in der zweiten Hälfte des 15. Jahrhunderts statt, während der Regierungszeit des Inka Túpac Yupan-qui (1441-1493). Die Chachapoya wehrten sich heftig gegen die Inka-expansion und leisteten wohl lange erheblichen Widerstand gegen die Eingliederung in das Inkareich. Als ein Bürgerkrieg im Reich ausbrach, fanden sich die Chachapoya zwischen zwei Fronten: Im Norden die Hauptstadt Quito, regiert von Halb-Inka Atahualpa, und im Süden die Hauptstadt Cuzco, regiert durch Atahualpas Bruder Huáscar (1491-1531), einem reinblütigen Inka. Viele Chachapoya wurden in die Armee des Huáscar eingezogen und kamen zu Tode. Zahlreiche Chachapoya wurden nach dem Sieg des Atahualpa hingerichtet oder abgeschoben, da sie für Huáscar Partei ergriffen hatten. Als die Spanier 1533 Atahualpa getötet und das Inka-Reich übernommen hatten, verschwanden auch die letzten Chachapoya durch Seuchen und Hunger, so dass ihr Erbe, das rötlich-blonde Haar und die helle Hautfarbe, allmählich verschwanden.

Ohne Überlieferungen oder einem noch lebenden Chachapoya sind die Inka und die spanischen Eroberer die einzigen Informationsquellen über dieses Volk. Sogar der Name, den sie sich selbst gaben, ist verloren. Der Name Chachapoya ist für sich allein schon rätselhaft und wurde ihnen von den Inka verliehen. Er wird mit „Wolkenkrieger" übersetzt, hergeleitet von „sachap-collas", dem Equivalent für „Colla-Leute, die in den Wäldern leben" (sacha = wild, p = Colla-Leute, colla = Volk; aus der Aymara-Sprache). Manche halten die Bezeichnung für eine Variante der Quechua-Bezeichnung „sacha puya", also „Wolkenleute".

Das wenige, das wir über die Chachapoya wissen, stützt sich auf archäologische Belege aus Ruinen, Keramik, Gräbern oder Artefakten. Schriften der Chronisten der damaligen Zeit wie von Garcilaso de la Vega basieren auf fragmentarischen Berichten aus zweiter Hand. Der Konquistador und Chronist Pedro Ciezo de Leon (1520-1554) bietet einige malerische Beschreibungen der

Chachapoya: „Sie sind die weißesten und attraktivsten aller Menschen, die ich unter den Indianern gesehen habe, und ihre Weiber sind so hübsch, dass aufgrund ihrer Freundlichkeit viele zu Inka-Frauen wurden und sogar in den Sonnentempel kamen."

Wer waren die Chachapoya, die um 500 bis 900 n. Chr. ihre Blütezeit hatten? Waren sie ein Ableger der andinen Kultur von Tiahuanaco oder gar Nachkommen von untergegangenen Zivilisationen fern der Meere? Wer denkt da nicht gleich an das sagenhafte Reich Mu, oder waren sie gar Nachkommen der Hyperboreer, die Kolonien in Südamerika gründeten? Viracocha verließ laut mündlicher Überlieferung, nachdem er den Menschen die Zivilisation brachte, das Land über das Meer in Richtung der untergehenden Sonne, also nach Westen. Die nächstgelegene Landmasse westlich von Peru ist, ja, richtig getippt: Rapanui, die Osterinsel. Der erste Europäer, der auf Rapanui landete und der Insel ihren Namen gab, war der niederländische Forschungsreisende Jacob Roggeveen (1659-1729). Während seiner Expedition im Jahr 1722 verfasste er die erste Beschreibung der Inselbewohner, die „von allen Farbschattierungen, gelb, weiß und braun" zu berichten weiß. Laut der mündlichen Überlieferung der Bewohner Rapanuis war der erste Siedler ein Häuptling namens Hotu Matua, was so viel wie „Himmelsvater" bedeutet.

In einem Traum erzählt ein gewisser Hau-Maka von Hiva über die Reise in ein fernes Land. In den Überlieferungen der Osterinsel ist Hiva eine legendäre Insel und der mythische Ort des Ursprungs. König Hotu Matua ruft daraufhin zum Massen-Exodus nach Rapanui auf. Die Moai, die gigantischen Köpfe, die die Landschaft der Insel zieren, sind heute weltbekannt. Kamen die Vorfahren der Osterinsulaner aus dem Westen oder gar von Südamerika? Oder aus beiden Richtungen?

Es existiert eine mündliche Überlieferung in Neuseeland über eine alte Rasse von Menschen, die aus dem Osten heransegelten und das Land viele Jahre vor den Maori besiedelten. Diese Menschen nennt man Waitaha. Sie unterschieden sich sehr von den Maori, die Waitaha waren friedlich und weiß. Es waren hellhäutige Menschen, einige mit blauen Augen oder mit grünen, sie hatten blonde Haare, einige auch rotes Haar, sie waren groß gewachsen und schlank und die meisten von ihnen Vegetarier. Sie kannten weder Krieg noch Waffen, so dass die Maori leichtes Spiel hatten, als sie ankamen. Die Waitaha wurden überwältigt, verspeist oder versklavt, doch die Erinnerung an sie wurde von ihren Nachkommen wachgehalten, die als Sklaven gefangen und in die Maori-Gesellschaft aufgenommen worden waren. Wer waren diese mysteriösen Waitaha? Haben deshalb auch so viele Maori rote Haare und einige von ihnen grüne Augen? In seinem 1995 erschienenen Buch *Song of Waitaha: The Histories of a Nation* behauptet der Autor Barry Brailsford, dass die Nachkommen des Waitaha-Volkes die ersten Bewohner von Neuseeland waren und dort mehr als 2.000 Jahre vor Ankunft der Polynesier siedelten. Steinstrukturen auf Neuseeland wurden somit möglicherweise fehlinterpretiert und als natürliche Formationen oder Maori-Artefakte ausgegeben. Die etablierten Wissenschaftler wie der Historiker Michael King (1945-2004) wollten davon nichts wissen und verwiesen auf fehlende Spuren ihrer Besiedlung.

Doch es gibt sie, diese Besiedlungsspuren, beispielsweise die zyklopische Kaimanawa-Mauer. Nahe dem südlichen Ende des Kratersees Lake Taupo in Neuseeland steht diese beeindruckende Mauer, die aus megalithischen Blöcken mit symmetrischen Ecken besteht. Die Oberseite lässt darauf schließen, dass es sich um eine Plattformpyramide gehandelt haben könnte, ähnlich denen, die man auf veschiedenen Inseln im Süd-Pazifik findet. Der amerikanische Autor David Hatcher Childress schreibt in seinem

Buch *A Hitchhiker's Guide to Armageddon:* „... die Blöcke scheinen standardmäßig acht Meter lang und fünf Meter hoch zu sein. Der unterste Block geht bis zu sieben Meter herab. Das Gestein ist lokaler Ignimbrit, ein weiches Vulkangestein, entstanden aus Sand und Asche. Die nächste Fundstelle für derartiges Gestein liegt in fünf Kilometern Entfernung. Die Blöcke stehen 25 Meter lang in einer exakten Linie von Osten nach Westen, und die Mauer schaut nach Norden. Die Mauer besteht aus etwa zehn regelmäßigen Blöcken, die offenbar beschnitten und ohne Mörtel zusammengefügt wurden."

Doch noch hat keine vollständige Ausgrabung stattgefunden und bis dahin bleibt die Kaimanawa-Mauer wohl ein Rätsel. Immerhin ähnelt sie der polygonalen Bauweise der Megalithiker.

Der Pazifik ist in jeder Hinsicht eine spannende Region für die Spurensuche nach verschollenen Kulturen. Das sogenannte polynesische Dreieck besteht aus drei Punkten, angezeigt durch Hawaii im Norden, Rapanui im Südwesten und Neuseeland im Südwesten. Überall gibt es Menschen derselben genetischen Herkunft, wie auch ihre mündliche Tradition belegt.

Das ehemalige Heimatland der Maori heißt Hawaiiki, das heute Tahiti heißt. Selbst ihre Sprache ist fast identisch, abgesehen von minimalen Unterschieden in der Aussprache, beispielsweise der Name, mit dem sie sich selbst bezeichnen - Maoli auf Hawaii und Maori auf Tahiti. Rapanui bedeutet ganz einfach „Leute". Die Hauptmigrationswelle nach Hawaii führte von Raiatea, eine Insel im südlichen Pazifik, unter der Leitung des Priesters Pahao. Sie fanden eine bewohnte Insel vor. Da lebte eine Rasse friedvoller Menschen namens Mu, die schon so lange dort lebte, wie die Erinnerung zurückreichte.

Einige der Hawaiianer behaupten, dass ihre Vorfahren schon immer hier waren, es seien die Mu. Die Leute von Tahiti begannen die Inseln zu erobern und taten dies in nördlicher Richtung. Die anscheinend freundlich gestimmten Mu unterlagen mit dem Fortschreiten der Eroberung. Die letzte Insel, auf der sie existierten, war Kauai, und hier wurden die meisten Geschichten über sie aufgeschrieben. Die Tahitianer nannten sie Menehune oder „kleine Leute", weil die Mu ein friedliebendes und freundliches Volk waren. Angeblich waren sie hervorragende Baumeister, die über Nacht wahre Meisterwerke vollbringen konnten.

Große Tempelanlagen gibt es auch auf Maui, Hawaii. Megalithische Ungetüme wie das sogenannte Trilithon brauchen den Vergleich mit Bauwerken in den Anden nicht zu scheuen. Solche Anlagen können keine einfachen Steinzeitmenschen oder primitive Urwaldbewohner errichtet haben, sondern ein hochentwickeltes Volk, das nicht nur lokal, sondern über Kontinente hinweg aktiv war. Eine heiße Spur zum legendenumwobenen Mu? Gibt es also eine gemeinsame Verbindung von den polynesischen Völkern, den Andenkulturen und einem möglicherweise wesentlich älteren Menschengeschlecht, das sich weltweit verbreitete?

Auf uralte Kulturen der Menschheit weisen so manche Entdeckungen hin. In den südlichen Gewässern vor Japan liegen offensichtlich künstliche Bauten, die auf ein Alter von sagenhaften 12.000 Jahren geschätzt werden. Vor der Insel Malta finden sich Spuren hochzivilisierter Kulturen, deren Konstruktionen weit ins Meer reichen und mindestens 8.000 Jahre alt sein müssen. Über 9.000 Jahre alte Städte fanden sich vor der Küste Indiens, ebenfalls vom Ozean verschluckt. Um die Region von Bimini (Bahamas) liegen offenbar künstliche Tempel, Straßen und Grundmauern im Meer, die nach Altersbestimmungen

10.000 bis 12.000 Jahre alt sein müssen. In den bolivianischen Anden fand man im Titicacasee eindeutig künstliche Konstruktionen auf dem Grund des Sees, deren Alter man nur annähernd schätzen kann. Und letztendlich darf man nicht vergessen, dass die Antarktis vor Jahrtausenden ein Kontinent mit wesentlich gemäßigterem Klima war und sich dort unter Umständen unglaublich alte Spuren menschlicher Vorgänger-Zivilisationen verbergen. Findet sich dort etwa die Wiege der Menschheit?

Das Wissen ist meist spärlich, was die Spurensuche ja so unglaublich schwierig macht. Man macht es sich leicht, wenn man davon ausgeht, dass es keine älteren Kulturen gegeben haben kann und von dem Wunschbild einer linearen Entwicklung ausgeht, die vom primitven Steinzeitmenschen zum Pyramidenbauer und zur heutigen Zivilisation führte. Niemand kann genau sagen, wie hoch der Wissensstand untergegangener antiker Kulturen wirklich war. Es muss in der menschlichen Entwicklung immer wieder Sprünge nach vorn und zurück gegeben haben. Vielfach gerieten Errungenschaften in Vergessenheit, das Wirken alter Völker verblasste, nur um von nachfolgenden Zivilisationen erneut wiederentdeckt zu werden.

Heute lässt sich nicht genau datieren, wann und wo die ersten hochentwickelten Kulturen auf der Erde auftauchten. Namen wie Atlantis, Agartha oder Gondwana, Hiva, Mu und Lemuria sollten uns unbedingt zu Nachforschungen anregen. Viele Forscher haben sich dieser Spurensuche in der Vergangenheit angenommen. Namen wie Graham Hancock, Frank Joseph, David Hatcher Childress, Peter Kolosimo (1922-1984) oder James Churchward (1851-1936) sind vielen bekannt, die sich schon lange mit der Thematik über verlorene Kulturen befassen. Ob die Forschungen immer in die richtige Richtung gingen, ist einerlei. Wichtig ist, dass wir das Forschen nicht aufgeben. Es ist dabei auch kein

Beinbruch, wenn diese Recherchen wie bei einer unbekannten Kletterwand manchmal falsche Ansatzpunkte nehmen. Sie können jedoch noch immer korrigiert werden.

Verloren, verschwunden, vergessen:
Über das Fehlen von Spuren

Wo sind sie nur geblieben? Kritische Stimmen sagen, man wisse heute, wie sich Zivilisationen entwickelt haben und wieder verschwunden sind. Es gab und gibt in der Geschichte der Menschheit viele Kulturen, die gekommen und gegangen sind. Keine würde Merkmale zeigen, die darauf schliessen lassen, dass es exotische und völlig andersartige Entwicklungen gegeben haben könnte. Zudem geht die etablierte Archäologie davon aus, dass eine Entwicklung zu einer technisch weit entwickelten Zivilisation nur sehr großen Populationen möglich ist. Es bliebe daher festzuhalten, dass es keinen einzigen greifbaren Hinweis dafür gibt, dass es je eine solche Zivilisation in grauer Vorzeitig auf der Erde gegeben hat. Keinen Hinweis? Da bin ich anderer Meinung.

Oft werden die Aussagen von Forschern zur „Lost-Culture"-Thematik gern in eklatanter Weise mißverstanden. Wenn man von hochentwickelten Kulturen in grauer Vorzeit spricht, die der unseren mindestens ebenbürtig waren, spricht man eben nicht immer gleich von einer völlig identischen Kultur. Es ist einfach nur von dem Entwicklungsstand dieser Zivilisation die Rede. Natürlich müssen diese Kulturen nicht genauso wie wir Computer, Smartphones oder Autos gehabt haben. Die Leistung und das Wissen waren ein gänzlich anderes, das wir um Himmels Willen natürlich gar nicht nachvollziehen oder gar verstehen können. Dafür sind die Zeiträume viel zu weit in der Vergangenheit verstreut. Eine hochentwickelte Kultur kann auch mit ganz anderen Materialien gearbeitet haben, als wir Menschen heute. Das beste Beispiel sind die Megalithkulturen, die bestimmte Kenntnisse besaßen, riesige Steine zu bewegen, die mit unserem Wissen nicht direkt zu vergleichen sind. Sie könnten die Levitation beherscht haben, die Aufhebung der Schwerkraft, mit der sie ihre Bauwerke herstellten. War so eine Zivilisation sogar spirituell wesentlich weiterentwickelt, als wir es heute jemals errreichen können? Wer sagt uns denn, dass wir Menschen heute nicht die Primitiven sind, mit unserer modernen Technik, der unfassbaren Masse an Unterhaltungstechnologie, die viel mehr unsere Dekadenz als Spezies offenbart, als dass wir mit dieser Technologie und dem Wissen wirklich etwas grandios Nützliches anfangen? Jedes Smartphone besitzt heute die Kapazität, um damit einen Flug zum Mond zu koordinieren, aber wir tippen lieber unendliches „Blabla" in das Gerät hinein oder erlaben uns an lustigen Filmchen von sogenannten Influencern, die nach zweifelhafter Berümtheit, dem „Fame", lechzen. Wir feiern geradezu unnützes Wissen, als viel lieber spannende Dinge zu erforschen. Versperren uns Scheuklappen die Sicht auf das Wesentliche?

Also ist die Sache mit der alten Superkultur, die dann schon vor Zehntausenden von Jahren existiert haben könnte, eine durchaus respektable Theorie, die trotz der spärlichen Hinweise aus der Vergangenheit dennoch ihre Existenzberechtigung hat. Ganz ungeachtet der existenziellen Auswirkungen von weltumspannenden Kataklysmen oder die Selbstzerstörung einer Kultur aufgrund purer Maßlosigkeit. Erinnern wir uns an das ungeschriebene Gesetz der Natur: Nichts in der Natur nimmt mehr als es braucht. Bricht es diese natürliche Ordnung, wird es ein Opfer derselben und stirbt über kurz oder lang aus.

Auch wenn einige Kritiker stets Einspruch erheben und darauf verweisen, dass man nie etwas gefunden hat, dann muss man sagen, dass das so nicht stimmt. Oft verbirgt sich hinter Skepsis auch Angst, insbesondere vor den Funden, die wir zeitlich nicht einorden können, den sogenannten Out of Place-Artefakten (OOPArt). Der Begriff bezeichnet von intelligenten Wesen geschaffene Objekte von (prä-)historischem oder (paläo-) anthropologischem

bzw. hominologischem Interesse, welche in einem höchst ungewöhnlichen oder auch unmöglich erscheinenden archäologischen
bzw. geologischen Bezugsrahmen entdeckt werden.

Der französische Journalist und Schriftsteller Louis Pauwels
(1920-1997) sagte dazu einmal treffend: „Wenn aber, fragt der
klassische Archäologe, in der Vorgeschichte höherentwickelte
Techniken existierten, warum findet man dann keine Spuren davon? Aber gewiss doch, man findet Spuren. Und vielleicht würde
man noch mehr Spuren finden, wenn der Geist bereit wäre, sie zu
suchen."

Louis Pauwels machte zwischen 1960 und 1970 gemeinsam
mit Jaques Bergier (1912-1978) paranormale Themen und das
Problem verschwundener Uralt-Kulturen über die Grenzen seiner
französischen Wahlheimat hinaus populär. Pauwels und Bergier vertraten auch die Idee vom „Kreislauf der Menschheit", also
das Konzept einer zyklischen Menschheits- und Zivilisationsge-
schichte. Die Autoren belegen, dass der heutige Mensch nur eine
Episode in der Geschichte der Menschheit ist und es Zeugnisse
von denkenden Wesen und Hochkulturen auf der Erde gibt, die
weit älter sind als der Ursprung des Homo sapiens.

Mal ehrlich: Wir werden wohl kaum das Steinzeit-Smartpho-
ne eines vorzeitlichen Teenagers ausbuddeln. Wenn wir nach
hochentwickelten Zivilisationen in ferner Vergangenheit suchen,
müssen wir uns von unseren Vorstellungen losmachen, was wir
finden wollen. Wer nach Laserpistolen in uralten Grabkammern
sucht, hat es nicht verstanden. Wieso kann eine völlig anders
geartete Zivilisation nicht auch große Leistungen vollbringen?
Nur, weil wir ihre Technologie nicht verstehen oder das gesamte
Konstrukt, auf dem so eine Kultur hätte aufgebaut gewesen sein
können, völlig fremdartig war? Wenn eine solche Gesellschaft

beispielsweise die Antigravitation beherrscht hat, könnte man irgendwelche Rückstände oder Spuren in der Umwelt dieser Zeit finden?

Ein wichtiges Argument für das weitgehende Fehlen von Spuren ist die mangelnde Langlebigkeit unserer Errungenschaften. Was also finden wir in längeren Zeiträumen von 100, 1.000 oder gar 10.000 Jahren wirklich noch von unserer Zivilisation? Ich hatte das Thema bereits im Kapitel „Zerstört und vergessen" angesprochen. Was bleibt wirklich übrig von dem, was wir geschaffen haben? Würden wir denn nicht in der Tat lediglich einzelne Fragmente und einzelne Artefakte finden, die wir „nicht so richtig" in unsere liebgewonnnene Chronologie einordnen können? Hätte die Natur solche Errungenschaften, so immens sie auch gewesen sein mögen, nicht schon längst verwischt? Und haben wir seltsame Fragmente uralter Kulturen nicht schon längst und zuhauf gefunden, nur werden sie von der offiziellen Archäologie nicht erkannt oder gar anerkannt?

Mit ihrer Studie „Die Silurianische Hypothese: Wäre es möglich, eine industrielle Zivilisation in den geologischen Aufzeichnungen zu entdecken?" geben der Wissenschaftler Gavian A. Schmidt vom Goddard Institute for Space Studies der NASA und der Astrophysiker Adam Frank von der University of Rochester Anhaltspunkte darauf, wie man nach möglichen Hinweisen auf frühere Zivilisationen suchen kann. Archäologische Funde überdauern im besten Fall nur wenige Jahrtausende, danach wird es angesichts von unglaublich größeren Zeiträumen deutlich schwieriger, von wirklich aussagekräftigen Funden auszugehen. Die Situation unserer menschlichen Zivilisation verdeutlicht es, denn würden wir morgen aussterben, wären von uns schon in wenigen Millionen Jahren vermutlich keine Fossilien mehr zu finden. Nach Gavian A. Schmidt und Adam Frank wäre es eine gute Idee, nach

„physiochemischen Spuren früherer Zivilisationen" zu suchen. Gemeint sind anormale Veränderungen in den Chemikalien innerhalb der geologischen Aufzeichnungen (also Erdschichten), die darauf hindeuten, dass zum Zeitpunkt deren Ab- und Einlagerungen etwas Ungewöhnliches passiert sein muss.

In unserem Zeitalter, dem Anthropozän, nehmen wir Menschen zunehmend Einfluss auf unsere Umwelt, beispielsweise durch die Nutzung seltener Erden, durch nukleare Strahlung oder die gewaltigen Mengen an Dünger und Plastik oder den Anstieg atmosphärischen Kohlenstoffs. Alle diese und weitere Merkmale unserer modernen Zivilisation sind vermutlich auch noch in Jahrmillionen anhand chemischer Veränderungen der historischen Normalwerte nachweisbar. Man muss sie nur suchen und hat tatsächlich auch schon etwas gefunden.

Die Wissenschaftler kennen solche geologischen Anomalien bereits, beispielsweise die Eozän-Schichten mysteriösen Ursprungs, EMLOs genannt (Eocene Layers of Mysterious Origin). Hierbei handelt es sich um signifikante negative Kohlenstoffisotopabweichungen, einer Klimaerwärmung und eine vergleichsweise hohe Sedimentationsrate. Darüber hinaus die Erwärmung und der Sauerstoffmangel der Ozeane während des Eozäns vor rund 56 bis 34 Millionen Jahren. Auch aus der Übergangsepoche zwischen dem Paläozän und dem Eozän stellt das sogenannte „Paläozän/Eozän-Temperaturmaximum" (PETM) vor etwa 55,8 Millionen Jahren die Wissenschaft vor ein Rätsel. Dabei handelte es sich um eine nach geologischen Maßstäben sehr kurze, aber extreme Erwärmungsphase von etwa 200.000 Jahren. Bislang ist sich die Fachwelt noch nicht sicher, was sie von diesen Anomalien halten soll. Aktuell gehen die Forscher von natürlichen tektonischen und vulkanischen Ereignissen aus. Zwischen diesen relativ abrupten Ereignissen und unseren geochemischen Signaturen des

Anthropozäns, die noch in Jahrmillionen auffindbar wären, gibt es jedoch erkennbare Parallelen. Spuren von industriellen Aktivitäten einer uralten Zivilisation?

Spuren aus geschichtlich fassbarer Zeit finden sich dagegen noch ganz gut, der Zahn der Zeit nagt hier noch nicht so lange. Auch römische Städte wie Pompeji und Herkulaneum vermitteln uns heute ein interessantes Bild aus der Vergangenheit, die durch einen urplötzlichen Vulkanausbruch unter Asche begraben und perfekt konserviert wurden. Straßenfundamente, die man aber unter Bodenschichten finden würde, in denen man Vormenschen wie den Homo erectus gefunden hat, wären ungleich verstörender.

Und das ist ja das Spannende:
Zahlreiche Entdeckungen menschlicher Spuren aus dunkelster Vergangenheit deuten auf die Existenz einer Menschheit vor unserer Menschheit hin. Ein besonderes Rätsel sind beispielsweise konkrete Versteinerungen von Fußspuren, die auf ihren zwei Hinterbeinen und mit menschlichen Füßen auf einem Sandstrand im Rockcastle County von Kentucky hinterlassen wurden, als auf der Erde nur Amphibien existierten. In Rockcastle, Jackson und mehreren anderen Counties von Kentucky sowie an verschiedenen Plätzen zwischen Pennsylvania und Missouri aber existierten Wesen, die auf zwei Hinterbeinen liefen und deren Pfoten seltsamerweise an menschliche Füße erinnerten. Jede Fußspur hat fünf Zehen und einen deutlichen Spann, dazu gespreizte Zehen wie bei Menschen, die nie Schuhwerk getragen hatten. Eine Bestimmung der versteinerten Funde ergab das unglaubliche Alter von etwa 300 Millionen Jahren.

In Laetoli im ostafrikanischen Tansania entdeckten Wissenschaftler 1979 in über 3,6 Millionen Jahre alten Ascheablagerungen Fußabdrücke moderner Menschen. Die Moskauer Nachrichten brachten 1983 eine ähnliche Meldung über einen menschlichen Fußabdruck in über 150 Millionen Jahre altem Juragestein, und zwar neben einem riesigen Dreizehenabdruck eines Dinosauriers. In Kanapoi, Kenia, gruben die Forscher Bryan Patterson (1909-1979) und William W. Howells (1908-2005) einen überraschend modernen Oberarmknochen aus, dessen Alter vier Millionen Jahre betragen dürfte. Ein vollständiges, anatomisch modernes Skelett entdeckte der deutsche Wissenschaftler Hans Reck (1886-1937) im Jahre 1913 in der Olduvai-Schlucht im heutigen Tansania und löste damit eine viele Jahrzehnte andauernde Kontroverse aus.

Der Reiter von der Höhle „Les Trois Frères" („Die drei Brüder") ist ebenfalls ein OOPArt der Extraklasse, das der schulwissenschaftliche Mainstream geflissentlich ignoriert. Es ist ein deutliches Indiz für den hohen Entwicklungs-Stand der „altsteinzeitlichen" Cro-Magnon-Kulturen, was keineswegs dem an unseren Universitäten gepredigten Bild vom in krude Fell-Kleidung gehüllten Menschen der Urzeit entspricht. Der französische Prähistoriker Henri Édouard Breuil (1877-1961) fertigte eine Skizze von einer im Südwesten Frankreichs, in der Höhle von „Les Trois Frères" befindlichen Höhlenzeichnung an. Universitären PaläoAnthropologen wäre es vermutlich lieber gewesen, Breuil hätte diese Zeichnung niemals angefertigt, denn so etwas wie den paläolithischen Reiter, der darauf völlig zweifelsfrei zu erkennen ist, dürfte es eigentlich gar nicht geben. Zumindest wenn man die derzeitige Lehrmeinung zugrunde legt, der Mensch habe erst viel später, nämlich im dritten Jahrtausend v. Chr., das Reiten gelernt und begonnen, Pferde zu domestizieren und als Haustiere zu halten.

Von besonderem Interesse ist auch ein Stein, den Zhilin Wang, ein chinesischer Mineraliensammler aus Lanzhou im Jahr 2002 auf einer Reise zur Mazong-Bergkette im Grenzgebiet der Provinzen Gansu und Xijiang entdeckte. Dabei muss der birnenförmige, extrem harte, schwarze Brocken von rund acht mal sieben Zentimeter Größe und einem Gewicht von 466 Gramm bei äußerlicher Betrachtung zunächst eher unauffällig gewirkt haben. Wirklich faszinierend ist dagegen in der Tat sein Innenleben: Der überraschendste Bestandteil des Steins ist der darin eingebettete, sechs Zentimeter lange, kegelförmige Metallbarren, der ein deutliches Schraubengewinde aufweist. Dieser mysteriöse Stein erregte bei vielen Sammlern und Geologen eine enorme Aufmerksamkeit. Der Metallbarren mit dem Schraubengewinde ist eng von dem schwarzen Gesteinsmaterial umschlossen. Weder der Eintritt des Barrens in den Stein noch die Freilegung der Spitze erscheinen von Menschen bewerkstelligt. Darüber hinaus ist die Weite des Schraubengewindes vom dicken zum dünnen Ende hin gleichbleibend, statt, etwa auf Grund des Wachstums von Organismen, zu variieren.

Spannend ist auch ein Fund, über den der Autor Michael Baigent (1948-2013) in seinem Buch *Das Rätsel der Sphinx* berichtete. Eine von der israelischen Archäologin Naama GorenInbar und ihren Kollegen durchgeführte Grabung im Juli 1989 im nördlichen Jordantal förderte ein gut gebautes und stark poliertes Holzbrett zutage. Dieses Brett bestand aus Weidenholz und war fast 25 Zentimeter lang und 13 Zentimeter breit. Seine Oberfläche war glatt und künstlich poliert. Es war so geschickt bearbeitet, dass keinerlei Werkzeugspuren sichtbar waren, die Kante vollkommen gerade und bewusst abgeschrägt. An der Unterseite des Brettes war das Holz rau, gewölbt und nicht poliert. Das Alter wurde auf vor 240.000 bis 750.000 Jahren geschätzt. Zur Altersbestimmung wurde die Kalium-Argon-Methode genutzt. So wurde das älteste mögliche Datum der Schicht bestimmt, in der das Holzbrett gefunden worden war. Die Anwesenheit von Mollusken, die vor 240.000 Jahren ausgestorben sind, markiert das jüngstmögliche Datum.

Der für diese Zeit propagierte Höhlenmensch hatte weder Lineal noch Zeichendreieck, er kann das fragliche Brett also kaum hergestellt haben. Aber wer dann?

Man denke in diesem Zusammenhang auch an die 2.500 mikroskopisch kleinen, georgischen Zinnperlen aus dem Gräberfeld von Ergeta bei Sugdidi in der Kolchis aus der Zeit um 750 bis 650 v. Chr. Die kuriosen Dinger sind mit ihren ein bis eineinhalb Millimetern derartig winzig, dass man sich ernsthaft fragt, wie die Leute es damals wohl geschafft haben, dort überhaupt ein Loch reinzubringen. Die Öffnungen sind so klein, dass lediglich ein hauchdünnes Haar hindurchpasst. Dabei ist es schon faszinierend genug, dass Perlen dieser Größe von den Archäologen überhaupt gefunden werden. Aufnahmen der Bearbeitungsspuren im Inneren der Perlen unter dem Elektronen-Mikroskop beweisen zudem, dass sie tatsächlich künstlich durchbohrt wurden. Woher stammt diese Fertigkeit?

Einen besonders bemerkenswerten Fund aus der zweiten Hälfte des 20. Jahrhunderts stellen die Metallröhren von Saint-Jean de Livet dar. 1968 tauchten diese rotbraunen Metallröhren in einer Kreideformation bei Saint-Jean de Livet im französischen Départment Calvados auf, die - der geologischen Datierung zufolge - ein Alter von etwa 65 Millionen Jahren aufweisen sollen. Das mysteriöse Fundgut wurde an die Universität von Caen übergeben. Die chemische Analyse zeigte einen Kohlenstoffgehalt, der im Einklang mit modernen Techniken des Schmiedens und Gießens steht. Die Forscher Michael A. Cremo und Richard L. Thompson (1947-2008) wandten sich bei den Recherchen zu ihrem Buch *Forbidden Archeology* mit einer schriftlichen Anfrage an das Geomorphologische Labor der Universität von Caen, leider ohne Antwort.

Ein besonderes Artefakt, das auf prähistorische Hochkulturen und Erdkatastrophen in Nordamerika hinweist, ist beispielsweise die Venus von Nampa. Dabei handelt es sich um ein Tonfigürchen von 37 Millimeter Länge, das bereits 1889 in Nampa, Idaho, auf dem Columbia Plateau am Schlangenfluss, bei Grabungen für einen Brunnenschacht gefunden wurde. Die Oberfläche der Venus wies bei ihrer Entdeckung Spuren von Eisen und rot oxidierte Flecken auf, die auf ein hohes Alter des Fundes schließen lassen. Heraufgeholt wurden sie aus einer Tiefe von etwa 90 Metern, in einer Erdschicht, die von den Geologen als `Glenns Ferry Formation´ bezeichnet wird. Diese Lehmschicht soll nach schulwissenschaftlicher Meinung aus der Übergangzeit vom Pliozän zum Pleistozän, vor etwa zwei Millionen Jahren, stammen. Sie ist völlig von vulkanischem Basaltgestein überdeckt. Für die Menschen, die vor dieser Katastrophe in dieser Region ihre Heimat gehabt haben müssen, gab es keine Überlebenschance. Jegliche Spur einer möglichen Zivilisation musste also damals unter einem gewaltigen Lavagebirge verschwunden sein. Die Chancen, nach zehntausenden von Jahren oder womöglich nach noch längeren Zeiträumen auf einzelne Artefakte zu stoßen, sind grundsätzlich minimal und so stellt der Fund der Venus von Nampa eine Besonderheit dar.

Die spannende TV-Dokumentation *Zukunft ohne Menschen* hat darüber hinaus nach meiner Meinung eindeutig und völlig nachvollziehbar aufgezeigt, dass von der heutigen Welt, wie wir sie kennen, so gut wie nichts übrigbleiben würde. Unsere Zivilisation würde also auch nicht ewig bestehen, auch wenn das manche Zeitgenossen in einem überheblichen Größenwahn gerne behaupten mögen.

Was passiert mit einer modernen Zivilisation, wenn ihre Metropolen verlassen werden, wenn es keine Menschen mehr gibt, die sich um diese Stätten kümmern? In der besagten TV-Dokumentation des History-Channels wurde eindrucksvoll dargelegt, wie schnell Errungenschaften menschlicher Zivilisation vom Antlitz der Erde verschwinden, wenn es keine Zivilisation mehr gibt.

Schon lange wird in der ernstzunehmenden Forschung davon ausgegangen, dass die Degeneration hochentwickelter Zivilisation stets nach Phasen einer umfänglichen Blütezeit beginnt. Diese Degenerationsphasen haben viele große Kulturen erlebt, oder besser, nicht überdauert. Wir kennen das von den Maya und Inka, von den Ägyptern und Sumerern, aber auch vom Römischen Reich. Der Niedergang war überall vielleicht unterschiedlich, die Muster aber miteinander vergleichbar. Waren bei der einen Kultur Klimaveränderungen oder Naturkatastrophen der Auslöser für ihren Untergang, war es bei anderen Gesellschaften Kriege, Völkerwanderungen und der Verlust der kulturellen Identität. Dies ging dann meist einher mit dem Niedergang von geistigen Errungenschaften, künstlerischen Fähigkeiten und der Rückentwicklung der bautechnischen Evolution. Auch heute steht die moderne westliche Gesellschaft vor ähnlichen Herausforderungen, dem kulturellen und moralischen Verfall entgegenzuwirken.

Was aber wäre nun, wenn die Menschen gänzlich von der Bildfläche verschwinden würden? Die Erkenntnisse aus der Sendung *Zukunft ohne Menschen* waren sogar für mich als hartgesottenen Optimisten überraschend: Innerhalb von wenigen hundert Jahren würden sogar große Metropolen wie Shanghai, New York oder Los Angeles von der Bildfläche verschwinden, Gebäude würden verrosten und verfallen, Beton würde sich zu Schotter auflösen, die Natur würde in die Städte dringen und alles überwuchern, was einst so lebhaft von den Menschen bevölkert wurde. Wüsten würden ihren ehemals angestammten Platz zurückerobern und sogar die größten menschlichen Konstruktionen binnen weniger Jahrhunderte vollständig zerstören. Nach wenigen tausend Jahren würde kein einziger Hinweis mehr darauf hindeuten, dass es die Menschheit jemals gegeben hat.

Spätere Archäologen einer uns völlig unbekannten Zivilisation würden wohl in vielleicht 50.000 Jahren auf die ein oder anderen Hinweise stoßen, dass es auf der Erde einst eine blühende Zivilisation eines Volkes gegeben haben muss, aber die Spuren werden zu minimal sein, um diese Überlegungen beweisen zu können. Hier ein technisch anmutendes Gerät aus den Tiefen des Ozeans, da ein paar scheinbar industrielle Bauteile aus tiefen Erdschichten genügen da als Beweis nicht.

Auch in ferner Zukunft wird es sicher ein wissenschaftliches Konsortium geben, das die Entwicklung und den Verlauf des Lebens aufgrund ihrer subjektiven Einschätzungen von Chronologie und Geschichte penibel genau festgelegt hat. Da wird auch in jener Zeit kein Platz sein für eine „dubiose Menschenrasse", die vielleicht vor 50.000 Jahren eine blühende Zivilisation auf der Erde geschaffen haben soll und womöglich sogar die Raumfahrt beherrschte. Wir wären in der Geschichte vergessen. Einige wenige wissenschaftliche Nonkonformisten aus der Zukunft werden vielleicht von der möglichen Realität uralter Legenden berichten, die von Reisen zum Mond erzählen, von längst vergessenen Helden, die mit einem Gefährt namens „Apollo" zum Trabanten der Erde flogen und mit einem „Adler" auf dem Mond landeten. Viel zu absurd werden diese Vermutungen einzelner Forscher in der Wissenschaftsgemeinde der Zukunft klingen, die nur Hohn und Spott ernten werden: „Ein Adler auf dem Mond? Also, meine Herren, ich bitte Sie ... das ist absoluter Unfug!"

Es käme im Grunde also nur darauf an, dass dann eine Nachfolgezivilisation diese Puzzelteile überhaupt findet und sie dann auch richtig zusammensetzt, beziehungsweise deutet. Darin liegt nach meinem Dafürhalten der eigentliche Knackpunkt.

Was wir jetzt an Besiedlungsspuren finden, sind dann, wenn wir den Zeitraum von rund 35.000 oder gar 50.000 Jahren zugrunde legen, auch beinahe nicht mehr, als hier und da seltsame Grafitti, die als Höhlenmalereien gedeutet werden. Vielleicht rudimentäre Funde, beispielsweise aus Natursteinen gefertigte Objekte und Werkzeuge. Selten gibt es also komplette Funde, wie beispielsweise eine ganze Siedlung oder Städte. Vereinzelt findet man sogar Spuren von Bergbau, wo man sich fragt, wer oder was in grauer Vorzeit Bergbau im großen Stil betrieben haben soll, wenn es doch keine hochentwickelte Zivilisation vor Jahrtausenden gegeben haben darf. Die Argumentation wäre dann dieselbe, wie wir sie heute von der etablierten Wissenschaft her kennen.

Apropos Bergbau: In der Nähe der Küstenstadt Llandudno in Nordwales, in einem Gebiet auf 220 Metern Höhe über der Irischen See gelegen, gibt es eine uralte Kupfermine. Sie ist als Great-Orme-Kupfermine bekannt und wird vorsichtig auf ein Alter von 3.500 Jahren geschätzt. Man nimmt an, dass sich die Mine über viele Kilometer erstreckt. Sechs Kilometer davon wurden bereits untersucht und vermessen. Bekannt ist, dass die Mine neun Stollenebenen hat, und dass über 1.700 Tonnen Kupfer aus ihr gefördert worden sind. Für Menschen in einer Zeit, in der es noch keine modernen Werkzeuge gab (zumindest keine, wie wir sie heute kennen), ist das eine ziemlich erstaunliche Leistung und man fragt sich, woher die dazu notwendigen Erfahrungen und die Entwicklung der immensen Logistik für so eine Anlage kamen.

Mehr als 2.500 Vorschlaghämmer wurden aus der Mine geborgen. Der größte davon wiegt um die 29 Kilogramm. Wer um alles in der Welt hätte einen 64-Pfund-Hammer schwingen können? Die größten heute benutzten Vorschlaghämmer wiegen etwa neun Kilogramm. Erhöhen wir einmal die Körpergröße der damaligen Menschen auf Proportionen, die sie in die Lage versetzen würden, so ein Werkzeug zu benutzen. Dann müssen die Arbeiter in der Kupfermine Riesen gewesen sein – vielleicht 3,70 Meter bis 5,50 Meter groß, etwa dreimal größer als ein heutiger Durchschnittsmensch.

Ein weiteres Beispiel über das Fehlen von Spuren ist die verlorene Zivilisation der Wüste Gobi. Theorien zufolge war die Wüste Gobi einst ein Binnenmeer. Dabei soll es sich um das sagenhafte Han-Hai-Meer in der heutigen Region der Wüste Gobi gehandelt haben. Heute ist es die Bezeichnung für „trockenes Meer". Städte sollen vor über 10.000 Jahren entlang seiner ehemaligen Küsten gelegen haben, beispielsweise an den Kunlun-Bergen am südlichen Rand dieses Meeres. Auch das riesige Tarim-Becken im äußersten Westen der Volksrepublik China war Legenden nach noch vor 6.000 Jahren ein Süßwassermeer. Im Zentrum des Tarimbeckens erstreckt sich heute die Wüste Taklamakan. Vor Jahrtausenden lag ganz Asien noch viel tiefer als heute. Ein großes Binnenmeer erstreckte sich über die Steppen des südlichen Sibiriens, von dem das Kaspische Meer und der Aral-See die Reste sind. Über die heute gefrorenen Steppen von Nordsibirien streiften dereinst Mammuts und Säbelzahntiger. Sibirien hatte also früher ein subtropisches Klima. War es der klimatische Wandel, der aus der Region eine lebensfeindliche Wüste werden ließ? Von den Mongolen wird die Wüste Gobi auch „Shamo" (Sandwüste) genannt. Dieses Wort könnte mit dem Gott Shamos verwandt sein, der im Mittleren Osten als ein „schwarzer Stern" verehrt wurde. Shamos gilt bei den Arabern als „böser Himmelskörper". Ein Hinweis auf eine kosmische Katastrophe in der heutigen Gobi-Region? Vereinzelte Kulturen können also durchaus eine lokale Hochkultur zur Blüte treiben, wieder vergehen und von der Bildfläche verschwinden.

Die zu Beginn des Kapitels erwähnte Aussage „Trotz intensiver Suche fand man nichts" ist demnach falsch. Auch kann sich eine solche verlorene Zivilisation durchaus auch auf einer Insel entwickeln, was soll daran das Problem sein? Eine gewiss notwendige Population bedeutet nicht, dass es dazu Millionen von Individuen bedarf. Immerhin können wir wie erwähnt auch ruhig davon ausgehen, dass diese uralten Kulturen mitunter auch mit ganz anderen Materialien gearbeitet haben oder über eine uns unbekannte Technologie verfügte. Wie sollen wir so etwas feststellen können, wenn wir noch nicht einmal wissen, wonach wir in Herrgotts Namen suchen sollen?

Der Mythos Atlantis als lokale Inselkultur wäre dann aber ebenfalls eine mögliche Erklärung, dass lokale Hochkulturen zu weiterentwickelten Zivilisationen fähig sind. Was daran nicht richtig sein kann, erschließt sich für mich nicht. Wir haben doch bis in heutige Tage dieselbe Situation: Einzelne, in sich zunächst abgeschlossene Kulturen entwickeln eine entsprechende Hochkultur, während der Rest der Menschheit weiterhin auf Steine klopft. Ich nehme dafür immer wieder gern das Beispiel der modernen westlichen Zivilisation gegenüber den Naturvölkern des Amazonas oder von Papua-Neuguinea. Hier hat unser Verständnis von „Zivilisation" bis heute nicht vollends Einzug gehalten. Zum Glück, mögen manche sagen, denn nicht immer war der Zugang zur Zivilsation positiv. Besonders anschaulich war der Kolonialismus, der vorwiegend mit der europäischen Expansion einherging. Meist war damit ein zerstörerischer Glauben an eine kulturelle Überlegenheit über die sogenannten „Naturvölker" verbunden.

Fakt ist: Eine hochentwickelte Kultur musste zu keiner Zeit global agieren. Solche Behauptungen wären auch barer Unsinn. Was sich über Jahrtausende in einer Region bewahrt hat und sich quasi aus fehlender Notwendigkeit heraus nicht sehr weit fortentwickelte, kann dann regional genau umgekehrt ebenso möglich gewesen sein. Oft genügte auch ein einziger Lehrmeister, der einem ausgewählten Volk sein Wissen vermittelte, um daraus langsam und stetig eine blühende Zivilisation entstehen zu lassen. Aus wenig wird letztendlich mehr.

Nun hatten wir allein in den letzten 5.000 Jahren das sich wiederholende Szenario, dass viele Kulturen und Zivilisationen an verschiedenen Regionen der Erde emporwuchsen und wieder verschwanden. Aber ist das nicht auch ein Hinweis darauf, dass eine untergegangene Hochkultur nie vollständig ausgelöscht wird, sondern immer einzelnes Wissen überlebt hat? Wenige Kundige könnten nach großen Katastrophen dieses Wissen dann in die Welt getragen haben. Sie hätten ihr Wissen zu anderen Völkern gebracht, die noch auf einer Entwicklungsstufe standen, in der sie die Ankunft von Lehrmeistern dankbar angenommen haben. Die Kenntnisse der alten Kultur wurden von nachfolgenden Zivilisationen assimiliert.

Was aber wäre, wenn diese vielen Puzzlesteine so gar nicht richtig passen, weil wir uns zu sehr an den Vorgaben unseres etablierten und anerkannten Wissenstandes halten? Müssen wir uns dann eingestehen, dass selbst wir unvoreingenommenen Forscher zu sehr in konfortablen Denkmustern agieren?

Bevor ich mich einzelnen greifbaren Spuren und Relikten aus fernen Zeiten widme, riskieren wir noch einen Exkurs auf verlorene Welten in der Populärkultur, die einen erheblichen Einfluss auf uns und die Thematik der „Lost Cultures" gehabt hat.

Atlantis goes to Hollywood:
Verlorene Welten auf der Leinwand

Atlantis, Mu, Hiva oder Lemuria: Zahlreiche Überlieferungen und Legenden wissen von diesen verlorenen Welten zu berichten. Die moderne Filmkunst hatte dies als unglaubliches Potential recht früh erkannt und so wurden einige grandiose Meisterwerke geschaffen, die sich alle irgendwie um untergegangene Kulturen und verlorenen Kontinenten drehten. Einige dieser phantastischen Klassiker sollen hier deshalb kurz erwähnt werden.

1912 erschien ein meisterhafter Abenteuerroman, der bis heute seine Faszination nicht verloren hat: *Die vergessene Welt* („The Lost World") aus der Feder des berühmten britischen Schriftstellers Sir Arthur Conan Doyle (1859-1930). Die weltbekannte Story um den Forscher Professor Challenger und seiner Expedition in eine vergessene Welt ist legendär.

Die erste Verfilmung ließ nicht lange auf sich warten: *Die verlorene Welt* aus dem Jahr 1925 entstand unter der Regie von Harry O. Hoyt (1885-1961) und überzeugte mit damals bahnbrechenden Tricksequenzen des bekannten US-amerikanischen Tricktechnikers Willis O'Brien (1886-1962). Challenger, der die Existenz von lebenden Dinosauriern im Dschungel des Amazonas beweisen will, macht sich mit einer Gruppe von Abenteurern auf den Weg zu einem schwer zugänglichen Plateau im Amazonasgebiet. Sie treffen auf eine urzeitliche Welt und erleben sogar einen Kampf zwischen einem Allosaurus und einem Brontosaurus.

Es folgten noch weitere Filmadaptionen, die dann allerdings mehr oder weniger vom Inhalt des Romans abwichen. Die Verfilmung von 1925 hatte hierbei noch den Charme eines echten Abenteuerfilms.

Die Reise zum Mittelpunkt der Erde ist ohne Übertreibung eine der bekanntesten Erzählungen des französischen Schriftstellers Jules Gabriel Verne (1828-1905). Das Buch wurde erstmals 1864 von dem Verleger Pierre-Jules Hetzel unter dem französischen Titel *Voyage au centre de la terre* veröffentlicht. Vernes Klassiker wurde mehrmals verfilmt. Bekannt wurde vor allem der ebenfalls zu einem Klassiker avancierte, gleichnamige Film *Die Reise zum Mittelpunkt der Erde* aus dem Jahr 1959 von Regisseur Henry Levin (1909-1980):

Edinburgh im Jahre 1880: Geologie-Professor Oliver Lindenbrook bekommt von seinem Studenten Alec einen rätselhaften Lava-Brocken geschenkt, der schwerer ist als er eigentlich sein dürfte. Es stellt sich heraus, dass sich im Lava-Brocken ein Senkblei mit einer Nachricht des isländischen Gelehrten Arne Saknussemm befand. Saknussemm, der dreihundert Jahre zuvor den Mittelpunkt der Erde erreichen wollte, verschwand eines Tages auf mysteriöse Weise. Lindenbrook macht sich mit Alec und zwei weiteren Reisegefährten auf den Weg nach Island und sie finden den Weg ins Innere der Erde.

Im Laufe ihrer Expedition entdecken die Forscher einen Ozean und erreichen nach einigen Abenteuern den Mittelpunkt der Erde. Die Gruppe entdeckt eine versunkene Stadt, das verlorene Atlantis und die skelettierte Leiche des verschollenen Forschers Saknussemm. Als es zu einem Erdbeben kommt, gelingt es den Expeditionsteilnehmern, in einer riesigen Altarschüssel auf der aufsteigenden Lava durch den Schlot des Vulkans Stromboli zur Erdoberfläche zu gelangen...

1977 inszenierte Juan Piquer Simón (1935-2011) eine weitere Verfilmung des Stoffes unter dem Titel *Die Phantastische Reise zum Mittelpunkt der Erde*. Er basiert ebenfalls auf Vernes *Reise zum Mittelpunkt der Erde*, wobei man in den ersten Sekunden Ausschnitte aus Stummfilmen sehen kann, die nach Vernes' Vorlagen entstanden. Der Stoff wurde noch weitere Male verfilmt, aber alle Folgeprojekte erreichten nicht die Faszination der alten Klassiker.

Die Filmemacher taten es Jules Verne gerne nach und schöpften aus dem Vollen, immerhin konnten sie ihrer Phantasie freien Lauf lassen. Verne bot ein Reiseziel an, das die Begeisterung für versunkene Kulturen als Aufhänger nahm für fantastische Abenteuer.

1955 schuf der tschechische Regisseur Karel Zeman (1910-1989) seinen Film *Reise in die Urwelt*, der zunächst wenig mit Vernes Klassiker zu tun hatte. Dennoch hat er Berührungspunkte, denn die jungen Helden in diesem Abenteuer durch die Urzeit haben Jules Vernes *Reise zum Mittelpunkt der Erde* gelesen. Das Werk war damals eine Art populärwissenschaftlicher Lehrfilm für Kinder.

Karel Zeman hatte bei seiner filmischen Umsetzung von Reise in die Urwelt neben Vernes *Reise zum Mittelpunkt der Erde* ein weiteres Werk, das ihn bei seinem Schaffen inspirierte: *Plutonien*, eine ungewöhnliche Reise in das Innere der Erde von dem sowjetischen Geologen, Geograph und Schriftsteller Wladimir Afanassjewitsch Obrutschew (1863-1956). Der Forscher ließ sich übrigens von *Reise zum Mittelpunkt der Erde* und *Plutonien* ebenso inspirieren wie von Arthur Conan Doyles *Lost World*. Obrutschew war ein letzter Verfecher der Hohlwelttheorie und nutzte sein umfangreiches Wissen darüber, einen spannenden Roman über die Erdgeschichte zu verfassen.

Der Roman berichtet über eine Expedition mit dem vermeintlichen Ziel, bisher unbekannte Inseln oder Festland nördlich der Tschuktschen-Halbinsel und Alaska zu finden. Mit dem Expeditionsschiff Polarstern macht sich die Besatzung auf den Weg in die unerforschte Gegend, in der das neue Land vermutet wird. Nachdem das neue Land entdeckt und auf den Namen Fridtjof-Nansen-Land getauft wurde, beginnt die sechsköpfige gut ausgerüstete Landexpedition in Richtung Norden. Nach einiger Zeit ergeben sich unerklärliche Phänomene. Der Kompass verweigert seinen Dienst, die Temperatur steigt an und die Luftdruckänderungen entsprechen nicht dem Gefälle. Zeitweise nimmt der Luftdruck so stark zu, dass er einer Tiefe von über 9000 Metern unter dem Meeresspiegel entspricht. Sogar eine neue dauerhaft im Zenit stehende Sonne taucht auf. Nur durch einen Brief, den ihnen der Organisator der Reise mitgegeben hat und den sie erst in einer ausweglosen Situation öffnen dürfen, erfahren sie, dass sie einen Eingang ins Innere der Erde durchschritten haben und sich an der Innenseite der Erdoberfläche befinden. In der phantastischen Unterwelt, welche sie Plutonien taufen, erkunden die Forscher die urzeitliche Flora und Fauna und erleben eine Vielzahl Abenteuer.

Später muss Obrutschew von der Hohlwelttheorie Abstand genommen haben, denn nach Veröffentlichung seines Romans bekam er eine Reihe von Anfragen, in denen Leser nach weiteren Expeditionen zum geheimnisvollen Land Plutonien fragten. Obrutschew schrieb daher in weiteren Auflagen im Nachwort, dass die Theorie der hohlen Erde längst widerlegt sei und er sie nur als literarisches Mittel genutzt habe, um das Interesse der Jugend für Geologie und Erdgeschichte zu vertiefen.

Plutonien ist im deutschsprachigen Raum vorwiegend Lesern aus der ehemaligen DDR bekannt, doch braucht den Vergleich mit den Klassikern von Verne oder Conan Doyle nicht zu scheuen.

1926 veröffentlichte Obrutschew mit *Das Sannikowland* einen weiteren phantastischen Roman, der 1972 verfilmt wurde. Diesmal ging es um ein durch Vulkanismus eisfrei gehaltenes Land innerhalb des Polarkreises. Er selbst war davon überzeugt, dass dieses Land wirklich existiert.

In den Jahren 1808 bis 1810 beschrieben die Kartografen Jakow Sannikows (1780-1812) und Mathias von Hedenström (1780-1845) während ihrer Expedition zur Kartographierung der Neusibirischen Inseln ein eisfreies Land nördlich der Kotelny-Insel. Spätere Expeditionen durch den Polarforscher Freiherr Eduard Gustav von Toll (1858-1902) bestätigten die Existenz der Insel 1886 und 1893, doch danach wurde das Neuland bis heute nicht wiederentdeckt. Einige Forscher gehen sogar davon aus, dass das Sannikow-Land einst tatsächlich existierte und im Laufe der Zeit durch Erosion im Nordpolarmeer verschwand. Heute wird Sannikow-Land als Phantominsel betrachtet.

König Salomons Schatz ist ein weiterer Film über verschollene Welten und untergegangene Kulturen und ein besonderes Beispiel für einen recht arglosen Abenteuerstreifen. Literarische Vorlage war der Roman *König Salomos Schatzkammer* („King Solomon's Mines"), verfasst von dem britischen Schriftsteller Sir Henry Rider Haggard (1856-1925) im Jahr 1885. Der erzählt die abenteuerliche Reise des Jägers Allan Quatermain in damals noch unentdeckte Teile Afrikas. Die gradlinige Handlung der nicht unbedingt herausragenden Verfilmung wird durch relativ plumpe Dinosaurier und Riesenkrabben ergänzt. Die Handlung ist kurz erzählt:

Es geht um Allan Quatermain, der in den Besitz eines Medaillons mit phönizischen Zeichen gerät. Prompt organisiert er gemeinsam mit Sir Henry Curtis und Captain Good eine Expedition auf den noch weitestgehend unerforschten afrikanischen Kontinent, um nach weiteren Schätzen der Phönizier zu suchen. Auf ihrer abenteuerlichen Expedition entdecken sie eine verborgene Zivilisation, die einst von den Phöniziern gegründet wurde. Die Stadt Milosis wird von Königin Nyleptha beherrscht. Aber das prächtige Königreich wird sowohl von einem Vulkanausbruch bedroht, als auch von dem machthungrigen Priester. Königin Nyleptha vertraut Sir Henry Curtis den Schatzplan zum Schatz König Salomons an, um das Gold, welches ihrem Volk immer nur Leid beschert hat, wegzubringen, doch ehe die Expedition abreisen kann, bricht ein Inferno über das kleine Königreich herein.

Der Stoff bot Material für über 30 Verfilmungen, darunter *She – Herrscherin einer versunkenen Welt* von 1935, *König Salomons Diamanten* aus dem Jahr 1950 oder der mit dem US-amerikanischen Schauspieler Richard Chamberlain besetzte *Quatermain – Auf der Suche nach dem Schatz der Könige* von 1985. Sogar der berühmte US-amerikanische Schauspieler Patrick Swayze (1952-2009) nahm sich 2004 dem Thema an.

Ein weiteres Abenteuer um versunkene Kulturen und geheimnisvolle Kontinente ist die wunderbar naive Abenteuerverfilmung *Der sechste Kontinent* aus dem Jahr 1976. Sie basiert auf dem Roman *At the Earth's Core* von Tarzan-Schöpfer Edgar Rice Burroughs (1875-1950):

Dr. Abner Perry und sein Assistent David Innes wollen mithilfe einer gigantischen Bohrmaschine das Erdinnere erforschen. Als die beiden unterwegs die Kontrolle über ihr Fahrzeug verlieren, werden sie durch die entstehende Hitze bewusstlos und kommen erst nach einiger Zeit wieder zu sich. Die Luft hat sich deutlich abgekühlt, und sie landen in einer Welt unterhalb des Erdmantels. Was sie dort finden, übersteigt ihre kühnsten Vorstellungen: ein sechster Kontinent aus tiefschwarzen Höhlen und brodelnder

Lava, der von gigantischen Reptilien, Dinosauriern, urzeitlichen Menschen und prähistorischen Vögeln mit telepathischen Fähigkeiten bewohnt wird. Dort lernen sie auch die hübsche Prinzessin Dia kennen, die als Sklavin gehalten wird. Dr. Perry und David stellen sich den Gefahren. Auf der Suche nach einem Weg zurück nach oben planen die beiden Forscher den Ausbruch aus der Sklaverei.

Der US-amerikanische Schriftsteller Edgar Rice Burroughs war bekannt für seine rührenden Abenteuergeschichten wie *Tarzan* oder *John Carter*. Seine Erzählungen wurden in zahlreichen Filmen und Comics aufgearbeitet, waren und sind auch heute noch Pflichtlektüre für unzählige Fans auf der ganzen Welt. Im Jahr 1914 erschien in Fortsetzungen *At the Earth's Core*. Die Romane basieren auf der Idee, dass unter der Erdkruste ein Hohlraum existiert, der von verschiedenen Lebewesen bewohnt ist und von einer Miniatursonne erhellt wird. Held der Romane ist eben dieser David Innes, der sich mit einem mechanischen Maulwurf Zutritt zu Pellucidar verschafft, so der Name dieser phantastischen Welt. Innes erlebt, wie auch Tarzan und John Carter, phantastische Abenteuer mit grausamen und wilden Stämmen.

Der sechste Kontinent aus dem Jahr 1976 war bereits die zweite Produktion einer fiktiven Abenteuerverfilmung, die auf einem Buch von Edgar Rice Burrough basierte. Bereits ein Jahr zuvor begeisterte *Caprona - Das vergessene Land* („The Land that Time forgot") die Fangemeinde utopischer Filme. Caprona ist ein fiktives, eisfreies Land in der Antarktis. Erzählt wird die Geschichte einer U-Boot-Besatzung, die während des Ersten Weltkriegs eine geheimnisvolle Insel auffindet, die auf keiner Landkarte verzeichnet ist. Es handelt sich um die Welt Caprona, auf der die Zeit stehen geblieben zu sein scheint. Bei der Erkundung des Landes treffen die Menschen auf prähistorische Tiere. Je weiter sie vordringen, desto mehr begegnen sie immer höheren Lebensformen. Doch schon bald bemerkt man, dass das Leben auf dieser vergessenen Welt ganz anders verlaufen sein muss, als auf der übrigen Welt.

Beide Filme entstanden unter der Regie von Kevin Connor. Doch *Der sechste Kontinent* war anders, denn er zeichnete sich durch eine fast kindliche Naivität und einen recht unbeschwerten Umgang mit der Animation der Ungeheuer aus. Diese reichen bei weitem nicht an die Stop Motion Künste eines Ray Harryhausen (1920-2013) heran, nichtsdestotrotz sind es genau diese liebevollen Monstereffekte, die den Charme dieses Klassikers ausmachen. Doch das war bei Weitem nicht alles. Die überaus erfolgreiche Produktion konnte ein echtes Starensemble voweisen: Neben Schauspiel-Ikone Peter Cushing (1913-1994) waren das der US-amerikanische Schauspieler Doug McClure (1935-1995) und Bondgirl Caroline Munro (*James Bond 007 - Der Spion, der mich liebte*), die in mehreren klassischen Fantasy-Abenteuern wie *Sindbads gefährliche Abenteuer* (1973) und *Star Crash – Sterne im Duell* (1978) mitwirkte. Der in Glendale geborene Kalifornier Doug McClure war von 1962 bis 1971 bekannt als Serienschauspieler in *Die Leute von der Shiloh-Ranch*, ehe er sich ab 1975 auf Fantasy-Filme spezialisierte. Er verkörperte gern den harten und unbeugsamen Abenteurer, so auch in *Tauchfahrt des Schreckens* („Warlords of Atlantis"), ein weiterer Klassiker, der die Begeisterung für verlorene Kontinente thematisierte.

Sindbad der Seefahrer entstammt den Erzählungen aus Tausenduneiner Nacht und diese wohl aus den Erzählungen über verschiedene Seefahrer. *Sindbads gefährliche Abenteuer* (1974) und weitere Filme aus der Sindbad-Reihe waren es auch, die oftmals untergegangene und in Vergessenheit geratene Kulturen zum Thema hatten. So treffen wir in diesen herrlichen Verfilmungen auf die geheimnisvollen Reste der mystischen Lemurier-Kultur oder auf das sagenumwobene Land Hyperborea. Das Ganze wurde wunderbar garniert mit Spezialeffekten von Trickspezialist Harryhausen.

Sogar Blockbuster-Regisseur Roland Emmerich ließ es sich nicht nehmen, in seinem Epos *10.000 BC* mit einem kleinen Fingerzeig auf untergegangene Kulturen hinzuweisen, als ein Protagonist auf die Frage der Herkunft der geheimnisvollen Pyramidenbauer sagt: „Manche sagen, sie kommen von den Sternen, andere behaupten, sie kämen von jenseits des Meeres."

Es folgte eine ganze Reihe phantastischer Filme über die großen Abenteuer in fremden, unbekannten Welten. Sie alle aufzuzählen, würde allerdings den Rahmen sprengen. Deutlich ist allerdings geworden, dass uns die Faszination der verlorenen Kontinente und untergegangenen Kulturen auch heute noch das Staunen lehrt. Eine Urerinnerung an vergangene Zeiten?

Beenden wir den selbstredend viel zu kurzen Blick in die ferne Vergangenheit und den Überlegungen zu vergessenen Zivilisationen. Folgen Sie mir im nächsten Kapitel zu ausgewählten Kultplätzen und Stätten der Vergangenheit.

„Die Welt ist ein Buch.
Wer nie reist, sieht nur eine Seite davon. "

Aurelius Augustinus von Hippo (354-430), Theologe und Philosoph

Schauen wir uns gemeinsam einige spannende Stätten und Relikte aus einer fernen Zeit mal genauer an. Sie sind nicht so bekannt wie berühmte und oft erwähnte Bauwerke und Tempel aus aller Welt. Sie liegen eher abseits touristischer Pfade, jedoch gut erreichbar in unseren heimischen Gefilden. Sie sind nicht minder spannend wie ferne Monumente in Südamerika oder so bekannte Bauwerke wie Stonehenge und Co.

Rätselhafte Vorzeit:
Verborgene Megalithen im Fichtelgebirge

Riesige Felsbrocken, umrandet von Höhlen und Schluchten, bestimmen diese einzigartige Landschaftskulisse inmitten des Fichtelgebirges. Ein Spielplatz der Riesen, so könnte man meinen. Die Rede ist vom Felsenlabyrinth Luisenburg. Es liegt im Landkreis Wunsiedel im bayrischen Oberfranken. Kaum durch die Pforten gegangen, finde ich mich in einer Landschaft voller Mystik und Ursprünglichkeit wieder. Eine wunderbare Urlandschaft, die mit ihren steilen Wegen in die Tiefe, einem Steinbrocken, der wie ein Wal auf seine Wiedererweckung zu warten scheint und scheinbar schwebenden Steinen eine gänzlich mystische Welt präsentiert.

Man wähnt sich in *Jurassic Park* und scheint jeden Moment einem Dinosaurier zu begegnen. Beim Anblick der imposanten Felsgebilde denke ich mir dann auch, ob das nicht ein toller Drehort für sagenumwobene Filme wie *Die vergessene Welt* wäre. Der berühmte Schriftsteller Arthur Conan Doyle (1859-1930) wäre sicherlich begeistert gewesen von diesem phantastischen Ort.

Schon immer übte das Felsenlabyrinth eine ganz besondere Faszination auf die Menschen aus: Einst fürchtete man das Felsenmeer und betrachtete es mit Angst und Schrecken. Inzwischen erfreuen sich alljährlich weit über 100.000 Besucher aus Nah und Fern an den 300 Millionen Jahre alten Granitsteinformationen.

Bild 6: Der Autor am Felsenlabyrinth

Von diesem mystischen Ort mit seinen zahlreichen Facetten und Eigenarten ist man sofort begeistert. »Der Granit lässt mich nicht los«, befand auch schon Dichterfürst Goethe (1749-1832), als er 1785 zum ersten Mal das Fichtelgebirge besuchte. Das steinerne Meer bei Wunsiedel ist das größte Felsenlabyrinth seiner Art in Europa. Gut eine Stunde braucht man, um es zu durchwandern. Goethe war begeistert von diesem Naturphänomen, dessen „...ohne alle Richtung und Ordnung übereinander gestürzte Felsen mir einen Anblick gaben, dessen gleichen mir auf allen meinen Wanderungen nicht wieder vorgekommen." Schon damals fielen ihm die unterschiedlichen Gesteinsformen auf, die dem Wanderer hier allenthalben begegnen und die Einheimische gern mit wunderlich anmutenden Namen bedenken.

Bild 7: Felsenlabyrinth: Steile Abgründe

Goethe führte die Entstehung der verstürzten Granit-Blockmassen auf langsame natürliche Verwitterungsvorgänge zurück. Er konnte sich urplötzliche Ereignisse von so gewaltigen Ausmaßen, die zur Formung dieser Gebilde führten, kaum vorstellen. Doch spekulieren wir ein wenig: Was wäre, wenn das Felsenlabyrinth das Ergebnis einer globalen Katastrophe war? Bis zu Goethes Zeiten hatte man das Zustandekommen der Blockmeere zumindest noch auf starke Erdbeben und „weltumstürzendes Getöse von

Gipfeln, die in Abgründen zu tausend anderen Felsen zerschmettert worden waren," zurückgeführt. Man hielt eine Erdkatastrophe für die Ursache der Felsengärten. Meteoriteneinschläge und einhergehende kataklysmische Veränderungen auf der Erde waren aber noch nicht vorstellbar. Mit unserem heutigen Kenntnisstand über geologische und kosmologische Vorgänge wissen wir, welche gewaltigen Veränderungen bei einem Einschlag eines Meteoriten auf unserem Planeten die Folge gewesen wären. Die Sintflut hat ebenfalls in vielen Überlieferungen ihren Ursprung, was auch auf einen weltumspannenden Kataklysmus hindeutet. Über 100 Sagen und Mythen rund um die Erde berichten von ihr. Waren es unterschiedliche Ereignisse oder war der Ursprung auch hier eine weltumfassende Katastrophe, die frühe Zivilisationen ereilte?

Bild 8: Felsenlabyrinth: ein steinerner Wal

Bild 9: Felsenlabyrinth: ein Wackelstein

Goethe jedenfalls mochte keine „gewaltsamen" Erklärungen. Von globalen Ereignissen, Mega-Fluten und unmittelbare Veränderungen von Landschaften wollte er nichts hören. Die moderne Wissenschaft von heute leider auch nicht. Heute wird allgemein angenommen, dass die Felsen vor rund 300 Millionen Jahren im feurigen Kapitel des Erdaltertums entstanden und Verwitterung sowie Abtragung in Jahrmillionen für die Freilegung der Granite sorgten. In schematischen Zeichnungen stellte bereits Goethe die Verwitterung der Granitfelsen dar, lockeres Material wurde nach und nach ausgewaschen und es blieben die massiven Gesteinskörper zurück, die wie gestapelte Wollsäcke aussehen. Die Wollsackverwitterung ließ Felsentürme und Blockmeere von herabgestürzten Felsformationen entstehen. Diese „gleichmäßige" Entstehung war dem Dichter viel lieber. In seinen „Tages- und Jahresheften 1820" schrieb er hierüber: „Meine Abscheu vor gewaltsamen Erklärungen, die man auch hier mit reichlichen Erdbeben, Vulkanen, Wasserfluten, anderen titanischen Ereignissen geltend zu machen versuchte, ward auf der Stelle vermehrt, da mit einem ruhigen Blick sich gar wohl erkennen ließ, dass durch teilweise Auflösung wie teilweise Beharrlichkeit des Urgesteins, durch ein daraus erfolgendes stehen bleiben, Sinken, Stürzen, und zwar in ungeheuren Maßen, diese staunenswürdige Erscheinung ganz naturgemäß sich ergeben habe."

Im Jahre 1820 besuchte Goethe die Luisenburg zum zweiten Male, um hiernach der wissenschaftlichen Welt seine Erkenntnis

Bild 10: Einsamer Botschafter aus der Vergangenheit am Wegesrand: der Herrgottstein.

von der Entstehung des Felslabyrinths, allein durch Verwitterungsvorgänge, zu unterbreiten. In der Zwischenzeit war durch die Erschließungsbemühungen eines „Wunsiedler Gesellschaftskreises" aus der unwirtlichen Felsenburg eine parkähnliche Anlage geworden, welche man im Sommer 1805 anlässlich eines Besuches des preußischen Königspaars zu Ehren der jungen Königin in „Luisenburg" umbenannt hatte.

Aber auch megalithische Spuren aus ferner Zeit finden sich in der Region des Fichtelgebirges. Der Herrgottstein bei Hendelhammer ist so ein Relikt aus der Vorzeit: „Fast eine Stunde von Selb, Mittagwerts gegen Thierstein, nicht weit vom Eger-Fluß, ist nahe an der Strasse ein ziemlich großer Stein zu sehen, der also zubereitet, dass ein Mann sich ganz bequemlich dareinsetzen, lehnen oder fast legen könne. Dann es alles vor die äußerlichen Glieder des Geseßes, der Schenkel, Füsse, Lenden, Arme, Hände und Haupt so proportionirlich ausgehölet, als wann es ein Klumpen Wax wäre, darein ein Mann solche Figur und Positur von seinem Leib eingedrücket hätte. Der gemeine Mann nenne ihn noch den Herr Gotts Stein, weil der Herr Christus darauf geruhet und durch sein Niederlehnen oder Niederlegen die Mensur und Grösse seines heiligen Leibes in den Stein eingedrucket haben solle. Sed fabula anilis." So schreibt es Johann Christoph von Pachelbel (1673-1726) in dem Buch *Ausführliche Beschreibung des Fichtel-Berges in Nordgau liegend, von einem Liebhaber Göttlicher und Natürlicher Wunder-Wercke* im Jahr 1716.

Der Granitfelsen liegt nördlich von Hendelhammer, das zur Gemeinde Thierstein im Landkreis Wunsiedel gehört. An einer alten Straßenverbindung nach Selb liegt der protzige Stein in der Mittagssonne, als ich ihm einen Besuch abstatte. Ein kleiner Baum hat sich die letzten Jahre zu ihm gesellt. Schatten spendet er nur mäßig. Der steinerne Zeuge aus vergangenen Tagen ist etwa 1,40 Meter hoch, doch reicht er nach Untersuchungen des Fichtelgebigsvereins Arzberg rund 80 Zentimeter in den Erdboden hinein. Auf der Oberseite des Felsens zeigen sich vier muldenförmige Vertiefungen, die größte von ihnen hat einen Durchmesser von 45 Zentimeter und ist 15 Zentimeter tief. Ein uralter Monolith, dessen Zweck heute unbekannt ist. Dennoch ein beeindruckender Felsen. Welche Rituale wurden hier durchgeführt? Bei Grabungen um den Felsen wurden einige Artefakte aus der Altsteinzeit gefunden und menschliche Knochen nebst einem gut erhaltenen Steinbeil entdeckt.

Bei meiner Expedition durch das Fichtelgebirge komme ich am Granitlabyrinth Epprechtstein vorbei, ein einzigartiges Labyrinth aus Granitblöcken bei der Stadt Kirchenlamitz im Landkreis Wunsiedel. Das 34 Meter im Quadrat große Labyrinth besteht aus 190 unbearbeiteten Granit-Rohblöcken. Es ist ein modernes Konstrukt, doch ich erwähne es, weil es sehr beeindruckend ist. Sollten Sie sich mal in der Gegend aufhalten, statten sie diesem beeindruckenden Kunstwerk ruhig mal einen Besuch ab. Was werden wohl Archäologen in vielleicht 3.000 Jahren denken, was sich die einstigen Bewohner dieser Gegend dabei gedacht haben, solche schweren Monolithen zu einem Irrgarten anzulegen? Ich möchte mir nicht ausmalen, welche verrückten Theorien dabei aufgestellt werden.

Aber in der Region um das Fichtelgebirge gibt es viele weitere staunenswerte Dinge. Auch meine „Lieblinge", die Menhire, sind hier vertreten, beispielsweise der Teufelsstein bei Marktleuthen. Andere allerdings fallen nur nicht so schnell auf. Im oberpfälzischen Dorf Witzlasreuth finden wir ein Paradebeispiel dafür, wie Relikte aus heidnischer Zeit christlich überprägt wurden. Im Südwesten des Fichtelgebirges liegt der verschlafene Ort in einer wunderschönen Umgebung. Die katholische Ortskapelle hat hierbei

Bild 11: Der Herrgottstein bei Hendelhammer.

mein besonderes Augenmerk, denn neben der Kapelle aus Massiv-
bau befindet sich ein Steinkreuz aus Granit. Auf einer kleinen Anhöhe sieht man die Kapelle schon von weitem. Vorgelagert steht
das steinere Kreuz. Die Altersbestimmung bei solchen Objekten
gilt immer als sehr problematisch. Die örtliche Meinung geht davon aus, dass solche Steinkreuze im 8. Jahrhundert geschaffen
wurden. Andere Stimmen sind der Auffassung, dass sie aus der
ersten Hälfte des 15. Jahrhunderts stammen. Sühnekreuze sollen
sie gewesen sein und hatten rechtliche und religiöse Bedeutung.

Bild 12: Steinkreuz von Witzlasreuth: ein ehemaliger Menhir..

Ähnliches denkt man vom Kreuzstein der nahen Gemeinde Kulmain. Viele dieser Steinkreuze findet man bis ins Nürnberger Land und darüber hinaus in ganz Deutschland und Europa. Eine überwiegende Zahl mag hier in der Tat aus dem Mittelalter stammen, sind vielfältig in ihrer Form und dienten als Grenzsteine, Wetterkreuze oder ähnliches.

Während man bei etlichen solcher Kreuzsteine die neuzeitliche Herstellung durchaus nachvollziehen kann, sehe ich das bei dem steinernen Kreuz von Witzlasreuth eher kritisch. Zu eindeutig macht der Stein den Eindruck, dass er aus einem bereits in Größe und Form fertigen Felsblock herausgearbeitet wurde. Größe und Form ähneln frappierend vergleichbaren Menhiren, die mir schon oft vor die Kamera kamen. Solche Steinkreuze lassen eher die Überlegung zu, dass hier uralte Zeugnisse aus einer unbekannten Epoche in christlicher Zeit umgestaltet wurden. Diese religiöse Überprägung alter Steine ist vielerorts bekannt. Nicht selten wurden heidnische Kultstätten in späteren Epochen aus religiös fanatischen Gründen überprägt, oft wurden Kapellen oder andere Bauwerke an diesen Stellen errichtet, um das „Teufelswerk" zu verbannen und den christlichen Charakter zu etablieren. Die heutige Form vieler dieser Objekte sagt daher nichts über ihr ursprüngliches Aussehen aus. Einige dieser Steinkreuze wirken eher urtümlich, dies fällt besonders auf, wenn man viele solcher Gebilde miteinander vergleicht.

Auch das Kreuz von Witzlasreuth macht auf mich eher den Eindruck eines megalithischen Relikts, aus dem kurzerhand die Kreuzform herausgehauen wurde. Wie im Mittelalter üblich, entstanden in der Folge etliche Sagen um die Steinkreuze. Es ist dieselbe Vorgehensweise bei zahlreichen vorzeitlichen Relikten. Sagen entstanden, wo man sich deren Herkunft oder Entstehung nicht erklären konnte. Nicht selten erhielten solche Orte schaurige

Namen, damit ja jeder wusste, dass hier Teufelswerk im Spiel gewesen sein musste: Teufelsmauer, Heidenkopf, Teufelsstein... die Bezeichnungen sind ebenso phantasievoll wie zahlreich.

Nahezu alles, was an heidnischen Gepflogenheiten erinnerte, war den Geistlichen stets ein Dorn im Auge. Der Heilige Aurelius Augustinus (Augustinus von Hippo), der von 354 bis 430 lebte, empfahl schon zu seinen Lebzeiten seiner Kirche: „Man zerstört nicht die Tempel, man zerbricht nicht die Götzenbilder, man haut nicht nieder die heiligen Haine, man macht es besser. Man widmet und weihet sie Jesus Christus."

Bereits das Konzil von Tours im Jahre 567 verbot all jenen Personen, welche der heidnischen Gewohnheit nach ihre Gebete bei den Menhiren verrichteten, das Betreten der christlichen Kirchen. Nach dem Ratschlag Papst Gregors dem Großen (540-604) vom Jahre 601 ließ man heidnische Kultplätze hochoffiziell für christliche Zwecke in Beschlag nehmen.

Kaiser Karl der Große (748-814) führte gar grausame Feldzüge gegen die heidnischen Stämme, um den alten Glauben auszumerzen. In seinen auf dem Landtag zu Aachen 789 erlassenen Kapitularien wurde unter anderem auch bestimmt, dass die vor Gott verwerfliche Sitte, an Bäumen, Quellen und Steinen Andachten zu verrichten, zu verbieten und die dabei ertappten Personen zu bestrafen seien. Mit besonderem Eifer tat sich auch Ludwig der Fromme (778-840) hervor, der Sohn und Nachfolger Karls des Großen.

So wurden auch die Kreuzsteine im Mittelalter entweder an solchen Stellen errichtet oder vorhandene Menhire umgestaltet. Ein unrühmliches Beispiel ist der einstige Menhir Fraubillenkreuz auf dem Ferschweiler Plateau, eine Hochebene im Eifelkreis Bitburg-Prüm in Rheinland-Pfalz. Der Missionar Willibrod (658-739) soll den Stein eigenhändig mit dem Meißel in eine Kreuzform gehauen haben. Auch den Menhir von La Rigaudière, „La Grosse Pierre", im französischen Departement Maineet-Loire wurde noch Ende des 19. Jahrhunderts umgestaltet. Eine Tafel mit einer Inschrift zeugt von dem Wahnwitz: „Fugiant partes adversae christus vincit regnat imperat MDCCCLXII" (Die feindliche Partei (der Teufel) möge weichen, Christus siegt, regiert, befiehlt, 1862).

Viele aus der Bevölkerung wollten jedoch die von ihren Ur-Vätern ererbten Gebräuche nicht aufgeben. Das veranlasste das Konzil zu Nantes im Jahre 687 zu strengeren Maßnahmen. Jene Steine, bei welchen heidnische Kulthandlungen wahrgenommen würden, sollten ausgegraben und umgestoßen werden. An ihrer Stelle wurden christliche Kapellen errichtet. Auch im Jahre 743 befaßte man sich noch mit dem Steinkult, denn diese heidnische Sitte war schwer zu unterdrücken. Die Synode von Estinnes (Provinz Hennegau, Belgien), die auch als Konzil von Leptinä bezeichnet wird, stellte ein Verzeichnis auf, in dem am 01.03.743 Bonifatius mehrere Punkte an der Kirche und ihrer Organisation zu bemängeln hatte.

Leider sind in diesem *Indiculus superstitionum et paganiarum* 30 Kapitel verloren gegangen, welche die verbotenen heidnischen Kulte behandelten. Das 7. Kapitel ist erhalten geblieben. Es handelt von den seltsamen Gebräuchen, welche man an Steinen oder Felsen beobachtete.

So entstanden im Laufe der Jahrhunderte viele weitere Verordnungen und Erlasse, um das Heidentum einzudämmen. Die uralten Plätze wurden für christliche Gottesdienste umgestaltet und auch das von Abt Odilo von Cluny (962-1049) im Jahre 998 eingeführte Allerseelenfest geht auf solche Maßnahmen zurück, um die heidnischen Totenfeste zu kompensieren.

Die Frühgeschichte der Gemeinde Witzlasreuth liegt übrigens weitestgehend im Dunkeln. Interessant dürfte hierbei sein, dass um den Ort und am ehemaligen Schloss Witzlasreuth archäologische Funde aus der Frühzeit belegt sind. Auch die Slawen haben sich bereits im achten Jahrhundert in dieser Region niedergelassen. Eine sehr frühe Besiedlung gilt also als nachgewiesen.

Was stand wohl just an der Stelle, wo sich heute die Kapelle in Witzlasreuth befindet? Ein vorzeitlicher Kultplatz mit einem Menhir? Oder ein megalithisches Bauwerk aus der grauen Vorzeit?

Bild 13: Tiefe Mulden im Herrgottstein.

Infos

▶ Felsenlabyrinth Luisenburg in 95632 Wunsiedel. Der Plus-Code lautet: 2X6R+JJ Wunsiedel. Hier lohnt sich auch ein Abstecher zum nahegelegenen Kaiserfelsen: *2X4X+P4 Wunsiedel.*

▶ Herrgottstein bei Hendelhammer: *44P2+RM Thierstein.* Der Sage nach ruhte sich der Herrgott am siebten Tag darauf aus und betrachtete seine Schöpfung. Als er weiterwanderte, hinterließ er seinen Abdruck. Wer sich in den Abdruck setzt, hat drei Wünsche offen!

▶ Granitlabyrinth Epprechtstein: *4WVJ+7C Kirchenlamitz.* Hier lohnt sich auch ein Abstecher zur Burg Epprechtstein, 4WW8+9V Kirchenlamitz, zum Felsen Hoher Stein, *5V2R+7R Kirchenlamitz* und zur Felsengruppe Kleiner Waldstein, *5V2J+PR Sparneck.*

▶ Der Plus Code der Gemeinde Wizlasreuth lautet: *WWGH+RM Kulmain.*

Zeugnisse aus fernen Tagen:
Steinzeit in der Heide

Sollten Sie mal vorhaben, in der 23.400 Hektar großen Lüneburger Heide auf Entdeckungstour zu gehen, nehmen Sie besser Kompass und Wanderkarte mit. Ausreichend Proviant kann auch nicht schaden. Hier können Sie stundenlang unterwegs sein, ohne jemanden großartig zu begegnen. Manche Zeitgenossen lieben es, hier zu wandern. Als ich mit Frau und Hund Otto hier unterwegs bin, ist es unglaublich still. Kein Ton, kein Geräusch ist in der sommerlichen Heide zu vernehmen. Doch, gerade ein Krächzen. Ein Greifvogel? Ein Kauz? Na hoffentlich kein menschenfressendes Monster, denn ich gelte als schwer verdaulich, kommt es mir scherzhaft in den Sinn. Weit entfernt machen wir eine Herde Schafe aus, es gibt also doch einiges an Lebendigem hier. Nur der Handyempfang lässt extrem zu wünschen übrig. Spannend ist die Heide allemal, beispielsweise am Druhwaldweg. Er führt durch eine wunderschöne Waldkulisse. Unter den Wurzeln und dichtem Laubwerk der alten Bäume verbergen sich die alten Produktionsstätten von Seeminen und Bomben aus dem Zweiten Weltkrieg. Heidnische Spuren finden sich aber auch, zum Beispiel ein imposanter Runenstein am Hohlortsberg.

Am Rundweg Oberhavenbeck finden sich zudem interessante Grabhügel aus der Bronzezeit. In der Nähe der Ortschaft Bispingen liegen zahlreiche Hügelgräber, von denen einige freigelegt und untersucht worden sind. Schautafeln erklären die verschiedenen Steinsetzungen und wie sie errichtet wurden. Meist wurden sie aus Sand und Heidesoden aufgeschichtet. Funde aus den Gräbern, wie etwa Urnen und Faustkeile, sind heute im Museum in Hannover verwahrt und lassen auf eine Entstehungszeit zwischen 1500 und 1200 v. Chr. schließen. Des Weiteren befinden sich im Dorfwald von Bispingen-Volkwardingen rund 20 prähistorische Hügelgräber aus der Bronzezeit, die auch mehrmals genutzt wurden, denn dort wurden auch jüngere Nachbestattungen gefunden. Allein in dieser Region wurden bisher über 413 Grabhügel gezählt.

Ein Abstecher zur St. Antonius-Kirche in Bispingen sollte bei einer Exkursion in die Heide nicht fehlen. Die 1908 erbaute Kirche mag beeindrucken, doch etwa drei Minuten Fußweg von ihr entfernt befindet sich die „Ole Kerk". Es handelt sich um eine bereits um das Jahr 1353 erbaute, wunderschöne Feldsteinkirche und ist ein kleines Highlight. In der Kirche findet sich eine rund 300 Jahre alte Holzfigur, die Antonius den Großen darstellt, der als Begründer des christlichen Mönchtums gilt. Er wurde auch Antonius von Heraklea genannt und lebte um 250 bis 356 n. Chr. In seiner Einsiedelei soll er durch Wunderheilungen und Dämonenaustreibungen seine Bewunderer beeindruckt haben.

Bild 14: Die „Ole Kerk" mit der Holzfigur Antonius des Großen..

Auch im Naturschutzgebiet Lüneburger Heide zwischen Wilsede und Döhle, zwischen Undeloh und dem Totengrund, sind Hügelgräber sichtbar. Ebenso gibt es an mehreren Stellen zwischen Schneverdingen und Bispingen Steingräber. Von Döhle führt übrigens ein schöner Rundwanderweg über den Totengrund, das Heidetal und den Wilseder Berg wieder zurück nach Döhle. Der Wilseder Berg ist mit 169,2 Meter die höchste Erhebung im nordwestdeutschen Tiefland. Schon der Mathematiker Carl Friedrich Gauß (1777-1855) führte hier seine Landvermessungen für das Königreich Hannover durch. Überall stößt man auf Findlinge aus Skandinavien. Überreste der ungeheuren Eismassen der Saale Kaltzeit, die einst riesige Sand- und Geröllmassen vor sich herschoben. Bereits zu dieser Zeit, vor rund 200.000 Jahren, siedelten sich hier die ersten späteiszeitlichen Jäger an.

Eindrucksvoll sind die Sieben Steinhäuser bei Ostenholz. Das 1923 unter Schutz gestellte Kulturdenkmal vereint fünf Großsteingräber. Sie befinden sich zwischen Bad Fallingbostel und Bergen auf dem Truppenübungsplatz Bergen-Hohne. Die Sieben Steinhäuser wurden nach Auffassung der klassischen Archäologie wie die übrigen Großsteingräber Norddeutschlands in der zweiten Hälfte des dritten Jahrtausends v. Chr. von Menschen der Trichterbecherkultur errichtet. Einer der Decksteine hat mächtige Ausmaße von rund vier Meter Breite und viereinhalb Meter Länge und eine Stärke von einem halben Meter. Jedes einzelne Grab soll die Beerdigungsstätte einer Sippe oder eines Geschlechts durch über 1.000 Jahre hindurch gewesen sein. Eine lange Zeit für den Fortbestand einer Sippe.

In der Oldendorfer Totenstatt bei Amelinghausen wird Steinzeit erst so richtig lebendig. Vier Großstein-, Hünen- und Hügelgräber in unterschiedlicher Form und Größe präsentieren sich jedem staunenden Besucher, deren offizielle Entstehung zum Teil bis ins

Jahr 3000 v. Chr. zurückreicht. Wissenschaftlich Megalithanlagen genannt, sind sie hochinteressante Denkmäler unserer Vorfahren aus der Jungsteinzeit. Gut gestaltete und ausführliche Informationstafeln dieser Anlage informieren über die Besonderheiten der jeweiligen Steingräber. Eine Bereicherung und Ergänzung zur Totenstatt ist das Archäologische Museum Oldendorf, das seit 2005 in einer denkmalgeschützten, sanierten historischen Kate untergebracht ist.

Für die Oldendorfer Totenstatt braucht man Zeit, jede Menge Zeit. Ein riesiges Areal an Hünengräbern zeugt von der einstigen „Megalithis". Riesige Erddämme geben sich hier als steinerne Gräber ein Stelldichein, wie das Hünenbett III mit rund 60 Metern Länge und sieben Meter Breite. Das Hünenbett IV bringt es sogar auf imposante 80 Meter Länge. Auch diese Stätten, die der Trichterbecherkultur zugeordnet werden, wurden in späteren Phasen der Jungsteinzeit für weitere Bestattungen genutzt.

Gemeinsam mit Hund Otto erkunden wir die einstigen Grabkammern, die von bemerkenswerten Findlingsmauern eingefasst sind. Ein besonderes Phänomen fällt mir bei ihm auf, und es sollte nicht die letzte alte Stätte werden, wo ich diese Beobachtung machte. Otto wird nervös, unruhig. Er schnüffelt wie wild durch die Steingräber, benimmt sich wilder als sonst. Hat er den berühmten siebten Sinn, den viele Tiere haben? Welche Energien mag er zu verspüren? Er sagt es mir nicht, leider kann ich die Hundesprache allenfalls rudimentär.

Bearbeitungsspuren an den megalithischen Felsen deuten darauf hin, wie die Steine einst gebrochen wurden. Oder hatten die Steinbearbeitungen einen anderen Zweck? Auf dem großen und weitläufigen Gelände der Totenstatt stehen die Zeugen einer fernen Vergangenheit stolz und unverwüstlich in der prallen

Sommersonne, einige kleine Stellen und eigens für Besucher konstruierte Holzhütten spenden ein wenig Schatten. Kein Zweifel, die Oldendorfer Totenstatt ist eine der bedeutendsten archäologischen Fundstätten im norddeutschen Raum.

Ich nehme noch einige Luftbildaufnahmen mit meiner Drohne auf, um einen Blick auf die Hünengräber aus der Vogelperspektive zu bekommen. In jüngster Zeit stelle ich bei meinen Exkursionen fest, dass man mit dem Blick von oben manches Mal völlig neue Eindrücke der Anlagen bekommt. Wie oft hätte ich mir bei so manchen Aufnahmen einen „langen" Arm gewünscht, damit das Bild seine volle Wirkung entfalten kann. Auch für künftige Expeditionen wird mir die Drohne ein unentbehrlicher Helfer sein und mir Luftbilder archäologischer und geheimnisvoller Stätten liefen. Ein erhabener Blick aus etwa 5 Meter Höhe vom Hünenbett III liefert einen schönen Blick auf die Felsen. Ich mache einige weitere Schnappschüsse von dem großen Hünenbett IV aus rund 20 Meter Höhe. Die Besonderheit der Konstruktion, mit welchem Aufwand hier ein Hünengrab errichtet wurde, wird so erst richtig deutlich.

Unweit dieser prächtigen Stätte befinden sich zudem die steinzeitliche Nekropole Soderstorf, die Rolfsener Steinkiste und die Grabkammer von Raven. Die „steinreiche" Lüneburger Heide verfügt überdies über einen reichen Sagenschatz. In mittelalterlichen Zeiten vermuteten die Menschen Riesen als Urheber der steinernen Gräber. Es gibt daher auch Erzählungen über Riesen und die Herkunft der gewaltigen Findlinge. Die Leute konnten sich einfach nicht vorstellen, dass Menschen die steinernen Grabstätten erbauten oder konnten sich auch keinesfalls ausmalen, dass die Findlinge Überbleibsel der Eiszeit waren. Der Legende nach soll auch Attila, der Hunnenkönig († 453), in der Oldendorfer Totenstadt tief in der Erde unter einem riesigen Findling begraben sein.

Bild 15: Blick auf das Hünenbett III in der Oldendorfer Totenstatt.

Bild 16: Brütende Hitze herrscht bei den Hünengrabern.

Bild 17+18: Hünenbett IV aus der Vogelperspektive und aus der Nähe.

Ich statte noch mit meiner kleinen Familie der Soderstorfer Nekropole einen Besuch ab. Leise Proteste ob der brütenden Hitze vermag ich mit einem Versprechen auf einen anschließenden Besuch einer leckeren Eisdiele verstummen zu lassen. Auch an dieser Stätte der Vergangenheit findet man einen bronzezeitlichen Grabhügel und sogar Grabmarkierungen eines vorrömischen Urnenfriedhofs. Das Steingrab von Soderstorf ist besonders interessant und überaus mächtig. Vor über 5.000 Jahren erbaut, zeigt es eindrucksvoll die gewaltigen Decksteine, mit denen solche Bauten abgedeckt waren. Ein kleiner Gang lässt einen Blick in das Innere des mächtigen Grabbaus zu.

Bild 19: Hund Otto vor dem Eingangsbereich von Hünenbett IV.

Für uns und unseren Hund wird die sommerliche Hitze fast unerträglich. Wir machen uns nach dem Eis auf den Weg in unser kühles Nachtlager und ich genieße auf der Terrasse ein frisch gezapftes Bier aus der Lüneburger Heide und Otto eine Riesenschüssel Hundefutter.

Ich muss an die Menschen aus der Steinzeit denken. Gerade sesshaft geworden, versuchten sie sich den Herausforderungen des Ackerbaus zu stellen. Als Bauer mühten sie sich also von morgens bis abends ab, ihre Sippe mit Nahrung zu versorgen und Vorräte für den Winter anzulegen. Und ganz nebenher bauten sie auch noch gewaltige Großsteingräber für ihre Verstorbenen. Für ein großes Grab wurden unzählige Findlinge benötigt und die Grabbeigaben mussten auch noch fertig werden. Warum, beim Teutates, sollten sie das überhaupt tun? Aus religiösen Gründen? Welche Religion sagt mir, ich solle mich mit riesigen Felsbrocken herumquälen, statt meinen Feierabend zu geniessen? Weshalb sollten sie also diese großen Steine bewegen und warum in aller Welt sollten sie den Toten Alltagsgegenstände in die Gräber legen, die sie selbst tagtäglich benötigten? Auch aus religiösen Motiven heraus macht es für mich keinen Sinn, wenn sich Steinzeit-Menschen weniger um Brot für die Sippe kümmerten, als vielmehr monumentale Steingräber als Grabmäler für die Ewigkeit für ihre Vorfahren zu errichten. Wer war der Initiator?

Mit gemischten Gefühlen verlassen wir am Folgetag diese wunderschöne Region. Nie hätte ich gedacht, dass es dort einerseits so dermaßen menschenleere Gegenden gibt und andererseits so faszinierende Stätten einer fernen Vergangenheit, von der ich mir nicht wirklich sicher bin, wer die eigentlichen Erbauer dieser steinernen Bauwerke waren.

Bild 20 + 21: Die Nekropole von Soderstorf ist ein alter Kraftort in der Heide.
Riesige Decksteine bedecken das megalithische Bauwerk.

Infos

▶ Die mystische Oldendorfer Totenstatt ist ein besonders schöner Ort zum Verweilen. Der Plus Code lautet 46WC+J8 Oldendorf (Luhe). Die Anlage besteht aus sechs Grabhügeln und Megalithanlagen in Oldendorf, nördlich von Amelinghausen im Tal der Luhe im Landkreis Lüneburg in Niedersachsen.

▶ Die Sieben Steinhäuser liegen auf dem Truppenübungsplatz Bergen und haben die Plus Code Koordinaten RQ2W+5W Osterheide. Zufahrt über Ostenholz. Informieren Sie sich über die Schießzeiten! Tourist-Information Vogelpark Region: 05161-7897482. In der Regel kann man die Steine täglich von 8 bis 18 Uhr besichtigen.

▶ Die Nekropole von Soderstorf ist ein alter Kraftort in der Heide und liegt an der Wohlenbütteler Str. 80, 21388 Soderstorf. Plus Code: 45V9+HJ Soderstorf.

Vergessene Welten auf Usedom:
Das Hünengrab von Lütow

Mehrmals war ich an der Ostsee unterwegs, auf den Spuren einer spannenden Vergangenheit, vor allem die sagenhafte Stadt Vineta spielt in dieser Region eine große Rolle. Die untergegangene Stadt wird an über 50 verschiedenen Standorten vermutet, wobei die vier Orte Barth, Koserow, Menzlin und Wollin laut Literatur die höchste Wahrscheinlichkeit einer Existenz aufweisen. Nach meinem Autorenkollegen Frank Grondkowski geht der historische Kern der alten Sage auf die Überlieferung einer hochmittelalterlichen Frühstadt zurück, die auch unter den Namen Jumne, Jomsburg oder Julin bekannt war. Bereits Ibrahim ibn Jaqub (912-966), ein Gesandter des Kalifen von Cordoba, berichete um 965 n. Chr. von einer reichen Stadt am Weltmeer, die zwölf Tore und einen Hafen hat, deren arabisch geschriebener Name in der Umschrift etwa *Weltaba* lautete. Der Legende nach wurde Vineta wegen der Gottlosigkeit der Bewohner von den Fluten verschlungen als gerechte Strafe für deren Überheblichkeit, Stolz und ihre Prunksucht.

Ich habe allerdings eine ganz andere Fährte auf meiner Spurensuche nach vergangenen Relikten aufgenommen. Ich bin auf der Suche nach dem Hünengrab von Lütow. Auf der Jagd nach dem letzten intakten Megalithgrab auf der Insel Usedom kommt man vom Seebad Heringsdorf aus an „Karls Erlebnisdorf" vorbei. Karls Erlebnisdorf ist ein riesengroßer, landwirtschaftlich thematisierter Freizeitpark, der ganz im Zeichen der Erdbeere steht. Hier dreht sich in vielen Attraktionen fast alles um die leckere Frucht. Man bekommt viel Wissenswertes über die Erdbeere vermittelt und kann bei Marmelade einkochen zuschauen, bei der Bonbonmanufaktur und das Angebot auf dem großen Bauernmarkt reicht von regionalen Köstlichkeiten über handgemachte Manufaktur-Produkte und Landhaus-Dekoration bis hin zu Bunzlauer Keramik, Spielzeug und Büchern.

Bild 22: Das Hünengrab auf der Insel Usedom..

Vorbei an dieser gewaltigen Bespaßungswelt geht es auf die Usedomer Halbinsel Gnitz. Auf der Halbinsel soll sich das soge-nannte Hügelgrab am alten Kirchsteig von Lütow befinden, nahe der Kirche Netzelkow. Bei dem Wort „Grabanlage" kommen mir immer Zweifel, ob die heutige Bezeichnung denn wirklich dem Sinn und Zweck der steinernen Anlagen gerecht werden, und das gilt meiner Meinung nach überall in Europa. Nun gut, belassen wir es für den Moment bei der allgemeinen Bezeichnung. Die Grab-anlage soll wohl um 3000 v. Chr. entstanden sein und ist das ein-zige annähernd erhalten gebliebene Großsteingrab auf der Insel

Usedom. Das Wort „annähernd" trifft es auf den traurigen Punkt, als ich das steinerne Monument in Augenschein nehme. Leider befindet sich dieses Großsteingrab aus der Jungsteinzeit in einem bemitleidenswerten Zustand. Nach Informationen von Einheimischen hausen an diesem Platz öfters Randalen und Rowdys. Ihre Gelage haben meist einen hohen alkoholischen Nennwert und oft wurde dabei schon der ein oder andere Bestandteil der Grabanlage in erhebliche Mitleidenschaft gezogen. Auch ist der ganze Bereich sehr vernachlässigt worden. Eine fast schon vermoderte Hinweistafel – ja, es gibt zum Glück noch eine – gibt einige spärliche Informationen zur Ausgrabung. Eine alte, überdachte Sitzgelegenheit lädt an diesem völlig überwucherten und zeckenverseuchten Areal kaum zum Verweilen ein. Viele Hügelgräber findet man auf der Ostseeinsel Rügen, doch auf Usedom ist es wie bereits erwähnt

Bild 23: Das Hünengrab ist nicht mehr in der besten Verfassung.

das Letzte seiner Art. Insgesamt soll es noch zwei weitere Hügelgräber in Lütow gegeben haben und weitere beispielsweise in Suckow bei Rankwitz, Benz, Katschow und Koserow, doch davon ist keine Spur mehr zu finden.

Die Monumente aus Stein sollen zerstört, abgetragen oder gesprengt worden sein. Ein trauriges Zeugnis dafür, wie egal den Leuten die Hinterlassenschaften einer großartigen, uralten Kultur sind, immerhin handelt es sich bei den Großsteingräbern um die mitunter ältesten Bauten der Menschheit.

Eigentlich kann man schon froh sein, das Grab überhaupt zu finden, denn viele Bewohner von Lütow haben keinen Schimmer davon und ältere Anwohner reagieren eher verblüfft auf die Frage nach dem Standort des Megalithgrabes. „Was wollen Sie denn da? Das interessiert doch keinen", bekomme ich von einer betagten Frau zu hören. Weiter im Dorf gäbe es doch einen so tollen Biergarten und man könne so schön am Wasser spazieren gehen. Da kocht die Ader, wenn man so etwas hört. Doch mit der mir anerzogenen Höflichkeit antworte ich freundlichschnippisch: „Doch, mich (!) interessiert das … Wissen Sie jetzt, wo das ist, oder nicht?" Die alte Dame gibt freundlich genervt Auskunft, und nach einer weiteren Viertelstunde findet sich ein kleines, altes Hinweisschild, das auch schon die besten Tage hinter sich hat. Schemenhaft kann man darauf das Wort „Hünengrab" entziffern. Der Name Hünengrab ist die volkstümliche Bezeichnung, weil man früher dachte, dass an diesen Großsteinbauten einst Riesen, also Hünen, bestattet wurden. Die Menschen konnten schon früher kaum erahnen, wie mühsam der Bau von gewaltigen Steinen ohne Maschinen gewesen sein muss. Möglicherweise liegen unsere Altvorderen damit auch gar nicht so falsch. Gute 250 Meter dem Hinweisschild folgend stößt man auf das Grab, das links des Weges liegt.

Das Großsteingrab liegt unter einer 350 Jahre alten, recht imposanten Eiche, die mitten aus dem Megalithbauwerk herausgewachsen ist. Der Baum und die Steine sind quasi eine Symbiose eingegangen und sind später miteinander verwachsen. Einst machte ein aus großen Steinplatten gebildeter Gang die sogenannte Grabkammer von Osten her zugänglich. Davon sieht man heute nichts mehr oder kann es lediglich erahnen, wie der Bau einst beschaffen war. Decksteine fehlen völlig. Vorhanden sind noch das Hünenbett und die Tragsteine. Etwaige astronomische Bezüge, wie man sie mittlerweile in vielen uralten Anlagen nachweisen konnte, wurden hier offensichtlich nicht in Erwägung gezogen bzw. außer Acht gelassen.

Bild 24: Der Baum wächst aus dem Hünengrab.

Ausgrabungen im Jahre 1936 brachten einige Funde von Waffen und Geräten aus Feuerstein zum Vorschein. Auch Bernsteinschmuck war darunter. Sie stammen von Menschen der sogenannten Trichterbecherkultur. Man kann diese Funde heute im polnischen Landesmuseum in Stettin bewundern. Für mich sind solche Funde stets etwas zweitrangig, denn niemand kann mit Bestimmtheit sagen, dass diese Hinterlassenschaften von den ursprünglichen Erbauern stammen. Diese eigentlichen Urheber der megalithischen Bauten müssen in ihrem Wissen und Know-How weiter entwickelt gewesen sein als die späteren, mit Feuerstein und Speer bestückten Besucher.

Nach dem Besuch kreisen Gedanken um das Usedomer Steingrab: Wer waren die wirklichen Urheber der Megalith-Gräber? Weshalb dieser immense Aufwand, riesenhafte Steine zu verbauen, und das lediglich für ein Grab? War es tatsächlich nur irgendein Kult, der die Menschen vor Jahrtausenden antrieb, riesenhafte Steinblöcke in so gewaltigen Konstruktionen zusammenzusetzen? Wer sagt uns, dass es wirklich ein sonderbarer Gräberkult war, nur weil Archäologen später Scherben und Knochen innerhalb der Anlagen fanden? Weshalb wird alles, was wir heute nicht verstehen oder wo wir nur spärliche Informationen haben, stets als „Kult" bezeichnet? Wer sagt uns, dass diese Bestattungen nicht viel später erfolgten, als die Erbauer der Anlagen längst verschwunden waren? Ich erwähnte es ja schon: Mit Speeren und Pflug bewaffnete Steinzeit-Menschen hatten weiß Gott etwas anderes zu tun, als sich mühevoll mit gewaltigen Steinblöcken herumzuplagen, zum Beispiel sich um den ausreichenden Broterwerb und das tägliche Überleben zu kümmern. Möglicherweise kamen die späteren Völker auf die tolle und eigentlich völlig simple Idee, dort doch einfach ihre Toten zu begraben, weil es eben so imposant ausgesehen hat. Es bot sich für die Leute nunmal an, diese Megalithanlagen zweckentfremdend zu nutzen. Kein ehemaliger Urheber meldete mehr Besitzansprüche auf diese Werke an, wie denn auch: sie waren vielleicht schon lange fort …

Auf der Rückfahrt kommt man wieder an dem Erdbeer-Erlebnisdorf vorbei. Ein Gedankenblitz: Werden zukünftige Archäologen in vielleicht 5.000 Jahren dieses Dorf ausgraben und feststellen, dass die „damaligen" Menschen seltsame „Erdbeer-Kulte" zelebriert haben? Niemand wird vielleicht in fernen Zeiten auf die Idee kommen, dass es lediglich ein Ferienpark gewesen ist …

Infos

▶ Vom Neuendorfer Weg Ecke Am Achterwasser geht ein kleiner Feldpfad entlang eines Campingplatzes zum Hünengrab von Lütow. Es liegt abseits von dem Touristen-Trubel, Plus Code Koordinaten: *2V7J+JR Lütow.*

Spurensuche im Norden:
Megalithbauten auf Rügen

Die Ostsee ist ein Paradies für Fans der Hünengräber. Vom Großsteingrab Lütow auf Usedom, was ich im vorherigen Kapitel vorstellte, ziehen sich diese steinernen Ungetüme am gesamten Küstengebiet entlang, wo sie zuhauf zu finden sind. Sie alle aufzuzählen, würde ganze Bücher füllen. Eines von zahlreichen Sehenswürdigkeiten in Mecklenburg-Vorpommern und Schleswig-Holstein sind die Hünengräber nahe Wismar. Hier finden sich beispielsweise steinzeitliche Zeugnisse im Everstorfer Forst. Stellvertretend statte ich auf meiner Spurensuche im Norden dem Pöppendorfer Großsteingrab im Waldhusener Forst einen Besuch ab. Das ist ein Ganggrab in der Nähe des Dorfes Pöppendorf, einem Teil des Lübecker Ortsteils Kücknitz in Schleswig-Holstein. Die Megalithanlage wird der Trichterbecherkultur und einem Alter zwischen 3500 und 2800 v. Chr. zugeordnet. Eine steinerne Stele führt mich nebst Frau und Hund Fritz direkt zu diesem schö-

nen Ort. Hier erfährt man auch gleich, dass diese unter einem Erdhügel liegende Anlage im Jahr 1844 freigelegt wurde. Riesige Findlinge präsentieren sich dem staunenden Besucher. Hund Fritz entwickelt sich zu einer felsenkletternden Gams und schaut sich das steinerne Ungetüm auch von oben an.

Bild 25: Gerichtsstein in Bergen.
Die Samtpfote lässt sich durch mich
nicht beeindrucken.

Werfen wir einen etwas genaueren Blick auf Rügen. Die Insel Rügen kann zahlreich mit diesen steinernen Zeugen aus ferner Zeit aufwarten. Die sogenannten Großsteingräber findet man auf der gesamten Ostseeinsel verteilt. Trotz der Zerstörung und dem Raubbau als willkommenes Baumaterial für Kirchen und andere Gebäude verfügt die Insel Rügen auch heute noch über ein bemerkenswert dichtes Vorkommen prähistorischer Anlagen. Noch im Jahr 1835 konnte man 1640 von ihnen zählen. Heute dürften es noch mehr als 50 Relikte der Vergangenheit sein.

Rügen ist mit 926 Quadratkilometern mit Abstand die größte Insel Deutschlands. Endlose Sandstrände und eine spektakuläre Steilküste zeichnen diese vielgestaltige Insel aus. Ein praktischer Ausgangspunkt für Exkursionen rund um die Insel ist Bergen,

die geografische Mitte Rügens und zeitgleich die Hauptstadt der Insel. Auf dem Markt von Bergen kann man auch den Gerichtsstein bewundern, ein 35 Tonnen schwerer und 12 Meter umfassender Findling, an dem bereits im Mittelalter Recht gesprochen wurde.

Bild 26: St. Marienkirche in Bergen.

Dieser megalithische Felsblock wurde 1996 bei Bauarbeiten erst wiederentdeckt. Heutzutage erinnert er an einen Abschnitt der Rechtsgeschichte Rügens und dient auch mal einer Samtpfote als sonniges Plätzchen. Auch durch mein Herumfuchteln mit dem Fotoapparat scheint die Katze sich jedenfalls nicht beeindrucken zu lassen.

Empfehlenswert ist zudem ein Abstecher zur St. Marienkirche in Bergen, mit deren Bau um 1180 begonnen wurde. Dort findet sich der sogenannte Jaromarstein, eingebettet in der Kirchenmauer. Dieser slawische Bildstein aus Granit ist in der Westwand der Kirche eingemauert. Ich messe gerade einmal 117 mal 41 Zentimenter, doch er ist ein spannendes Relikt aus vorchristlicher Zeit. Früher war einmal das Füllhorn des vierköpfigen Gottes Svantevit zu sehen, das durch ein Kreuz ersetzt wurde, das allerdings auch nicht mehr zu erkennen ist. Einen ähnlichen Stein gibt es auch in der Pfarrkirche von Altenkirchen, auf dem das Trinkhorn noch erhalten geblieben ist. Der Jaromarstein von Bergen wurde im Mittelalter ebenso umgestaltet wie so viele andere heidnische Relikte, indem man Menhire in Steinkreuze umwandelte oder Kirchen auf alte Kultplätzen errichtete. Ich habe darüber bereits im Kapitel über die verborgenen Megalithen im Fichtelgebirge berichtet.

Hier auf Rügen schnaubt und dampft darüber hinaus mein Namensvetter viel mehr durchs Land, als ich es auch in größter Sommerhitze je tun könnte. Die historische Bahn „Der rasende Roland" bahnt sich hier auf einem einst 100 Kilometer umfassenden Streckennetz durch das Rügener Land. Aktuell sind noch rund 24 Kilometer von der Strecke erhalten geblieben und ist auch heute noch ein wichtiges Transportmittel auf der Insel.

Bild 27: Der Jaromarstein, eingebettet in der Kirchenmauer.

Falls Sie, liebe Leserinnen und Leser, den Besuch eines der Relikte der Jungsteinzeit auf Rügen in Betracht ziehen, besuchen Sie mal den Nobbiner Steinkreis auf Wittow. Er liegt zwischen Juliusruh und Arkona. Das größte bronzezeitliche Hügelgrab auf Rügen befindet sich bei Sagard auf der Halbinsel Jasmund und wird „Dobberworth" genannt. Es umfasst 150 Meter und besitzt eine imposante Höhe von zehn Metern. Hier auf Jasmund kann man auch die beeindruckenden Kreideklippen bestaunen, das Wahrzeichen Rügens mit einem wahren Fundus an Fossilien. Empfehlenswert wären auch noch die 13 Grabhügel der Woorker Berge. Es handelt sich um das größte Grabhügelfeld Norddeutschlands.

Bild 28: Im Inneren des Großsteingrabs Lancken Granitz.

Ganz besonders spannend finde ich das Hünengrab Großdolmen. Es ist eines der sehenswertesten Megalithgräber auf Rügen. Es ist ein Großsteingrab, welches einen mehr oder weniger geschlossenen Raum bildet. Es ist eines der am besten erhaltenen Hünengräber der Insel Rügen nahe der Ortschaft Lancken-Granitz. Die Großsteingräber bei Lancken-Granitz liebten offenbar die Gesellschaft und finden sich auf einem riesigen Areal wieder. Bei diesen Großsteingräbern bei Lancken handelt es sich um acht Grabanlagen der jungsteinzeitlichen Trichterbecherkultur in der Umgebung der Gemeinde Lancken-Granitz im Landkreis Vorpommern-Rügen, von denen heute nur noch vier existieren.

Bei allen Gräbern handelt es sich um Großdolmen. 1965 wurden die vier Gräber ausgegraben. Zusammen mit den unmittelbar benachbarten Großsteingräbern bei Burtevitz stellen die vier Anlagen den größten auf Rügen zumindest teilweise erhalten gebliebenen megalithischen Gräberkomplex dar.

Die einzelnen Anlagen sind in unterschiedlichen Bauweisen errichtet. So sind zwei Gräber in langgestreckte Hünenbetten eingebaut, die zwei anderen Gräber hingegen in Rundhügel. Die eigentlichen Grabkammern wiederum weisen alle einen sehr ähnlichen Bauplan auf. Obwohl davon auszugehen war, dass sämtliche Gräber geplündert waren, konnten noch zahlreiche Grabbeigaben gefunden werden. Diese belegen, dass die Anlagen über längere Zeiträume kontinuierlich genutzt wurden. Neben den Gräbern der Trichterbecherkultur um 3500 bis 2800 v. Chr., wurden auch Nachbestattungen aus der neolithischen Zeit um 2850 bis 2250 v. Chr. gefunden und ebenso bronzezeitliche Artefakte aus einem Zeitraum um 1800 bis 1100 v. Chr.

Bild 29: Das Großsteingrab Lancken Granitz. Es ist eines der am besten erhaltenen Hünengräber der Insel Rügen.

Wenn die Megalithgräber richtig datiert sind, haben wir es mit spannenden Zeugnissen einer fernen Zeit zu tun. Nach archäologischer Auffassung stammen sie aus der Zeit des Paläolithikums bzw. Neolithikums, weil sich uns die Grabfunde so darstellen. Neolithikum und Paläolithikum sind Begriffe, die auf den englischen Prähistoriker John Lubbock (1834-1913) zurückgehen. 1865 teilte er die Altsteinzeit als Epoche des geschlagenen Steins ein. Das Neolithikum dagegen bezeichnete er als die Periode des geschliffenen Steins. Der Übergang erfolgte von der Jagd zur Sesshaftigkeit.

Doch was wäre, wenn die megalithischen Bauwerke noch weitaus älter sind? Wer sagt uns, dass diese steinernen Ungetüme den eigentlichen Urhebern ursprünglich jemals als Gräber gedient haben? Wie weit zurück gehen die Wiedernutzung und die Nachbestattungen? Niemand mag sich so recht eine megalithische Zivilisation vorstellen, die vielleicht um Jahrtausende älter ist.

Früheste Funde an megalithischen Stätten rund um die Welt werden vorsichtig auf das zehnte Jahrtausend v. Chr. datiert, wie es in der prähistorischen Stätte Göbekli Tepe in der Türkei der Fall ist. Vorzeitliche Städte zeigen uns das Vorhandensein klar strukturierter Gesellschaften, wie die uralte Stadt am Golf von Kambhat in Indien. Hier lebten bereits um 9500 v. Chr. Menschen, bevor diese frühe Metropole am Ende der Eiszeit in den Fluten versank. Aus welcher Epoche stammen dann die Megaltihbauten aus unserer Region wirklich?

Infos

▶ St. Marienkirche Bergen, Plus Code: *CC8J+VW Bergen auf Rügen.*

▶ Der Nobbiner Steinkreis auf Wittow hat den Plus Code: *M93V+7C Putgarten.*

▶ Großsteingräber bei Lancken-Granitz, Plus Code: *9J68+64 Lancken-Granitz,* sowie *9H47+WX Putbus, 9H74+FR Zirkow, 9G53+CW Putbus, 9G9J+H3 Putbus, 9G8R+V2 Zirkow, 9M5J+JM Sellin.*

Kaiserstadt Goslar und die Hyperboreer:
Relikte der Vergangenheit

Ein fast vergessenes Relikt aus prähistorischer Zeit liegt scheinbar verborgen in einem kleinen Waldstück bei Goslar: der geheimnisvolle Klusfelsen. Wenn man den Klusfelsen besuchen möchte, braucht man schon etwas Orientierungssinn und findiges Geschick, da er mitten in der alten Kaiserstadt recht versteckt sein Dasein fristet. Und die Stadt sollte man bei einem Besuch auf jeden Fall genauer in Augenschein nehmen.

Große Teile der Altstadt von Goslar gehören zum Weltkulturerbe der UNSECO. Und dort reihen sich die Sehenswürdigkeiten auch wirklich dicht an dicht. Allein der historische Marktplatz mit seiner eindrucksvollen Architektur lädt gleichermaßen zu einem Stadtbummel und einer Entdeckungsreise ein. Neben dem Rathaus mit dem Huldigungssaal ist dort auch noch die Kaiserworth, ein früheres Gildehaus, besonders sehenswert. Die barocken Kaiserfiguren in der gotischen Fassade und das beliebte, weit über die Grenzen Goslars hinaus bekannte Glockenspiel, das mehrmals täglich spielt, begeistert jeden Besucher. Dabei wird die Geschichte des Bergbaus zur Melodie des Steigerliedes dargestellt.

Entlang des Flüsschen Gose, das der Stadt den Namen gab, kommt man auch zu den imposanten Wallanlagen der Stadt. In diesen Wallanlagen zeugen noch Gräben, Mauern, Zwinger und das berühmte „Breite Tor" von der wehrhaften mittelalterlichen Stadtbefestigung. An der Gose liegt auch die Lohmühle, die letzte erhaltene der einst über 40 Mühlen. In der Mühle ist heute das Zinnfigurenmuseum untergebracht.

Besonders interessant ist neben der berühmten Kaiserpfalz das ehemalige Kollegiatstift „St. Simon und Judas". Die Stiftskirche existiert heute bis auf die Vorhalle des Nordportals. Die Stiftsherren feierten ihren Gottesdienst einst in einer dreischiffigen Basilika mit Querschiff, drei Ostapsiden und einem Westwerk mit zwei achteckigen Türmen und zwischengebautem Glockengeschoss sowie einem schlichten Paradies.

Bild 30: Domvorhalle der ehemaligen Stiftskirche Goslar.

Unter dem Chor befand sich eine Krypta, über der Vierung ein weiterer Turm. Die Kirche wurde 1051 durch Erzbischof Hermann von Köln den Geburtstagsheiligen Heinrichs III., Simon und Judas, geweiht. Zu diesem Zeitpunkt war die Basilika der größte romanische Kirchenbau rechts des Rheins und wurde zum Vorbild für zahlreiche vergleichbare Bauwerke in Norddeutschland, zum Beispiel für den Braunschweiger Dom. Aus dem Stift ging eine ganze Reihe bedeutender geistlicher Würdenträger des Reiches hervor. Im Jahr 1819 wurde das Stift, häufig auch als „Goslarer Dom" bezeichnet, auf Abbruch verkauft.

Um 1150 wurde dem Nordportal der Stiftskirche die noch heute bestehende Vorhalle vorgesetzt. Das ehemalige Nordportal des Doms bildet jetzt die Rückwand der Vorhalle. Die Front der Vorhalle schmücken in zwei Reihen Nischen mit ursprünglich farbigen Stuckplastiken. Die obere Reihe zeigt in der Mitte Maria mit dem Jesuskind, zu beiden Seiten umrahmt von Leuchtern und Engeln, wobei die originalen Engelsfiguren verloren gegangen sind und durch Malereien ersetzt wurden. Die untere Reihe zeigt von links nach rechts Kaiser Heinrich III., die Schutzpatrone des Doms Simon, Matthias und Judas und eine weitere, nicht eindeutig identifizierbare Kaiserfigur.

In dieser Halle wird heute unter anderem eine Kopie der Lehnen des Kaiserstuhls ausgestellt, der sich ursprünglich in der Stiftskirche befand. Das Original befindet sich im Wintersaal des Kaiserhauses. Der Kaiserstuhl ist neben dem Thron Karls des Großen in Aachen und dem (von Heinrich II.?) in der Westkrypta von St. Emmeran in Regensburg der einzige erhalten gebliebene Thron eines römischen Kaisers des Mittelalters. Die bronzenen, mit Rankenornamenten verzierten Seiten- und Rückenlehnen stammen aus der zweiten Hälfte des 11. Jahrhunderts, die den eigentlichen Sitz umgebenden Sandsteinschranken sind etwas jüngeren Datums. Sie zieren romanische Tierfiguren und kuriose Fabelwesen.

Diese schaurigen Wesen bestehen aus menschlichen Köpfen. Aus dem Mund kommen geflügelte Drachenwesen oder geflügelte Schlangen, die sich um den Schädel winden. Die Gesichter haben schon fast vorchristliche Züge.

Bild 31: Monster an der Domvorhalle.

Die Gründung der alten Kaiserstadt Goslar durch den König des Ostfrankenreichs, Heinrich I. (876-936), geht laut Chronik auf das Jahr 922 zurück. Maßgeblich war dafür der hier betriebene Bergbau am Rammelsberg, der auch die Existenzgrundlage der Stadt schuf. Um 1015 wurde Goslar zur Kaiserstadt, zu einem der wichtigsten Orte des Reiches, den Kaiser und Könige besuchten und in der Geschichte geschrieben wurde.

Nahe dem Zentrum, am Osterfeld, befindet sich der eingangs erwähnte Klusfelsen in einem Waldstück am Petersberg. Eine uralte Kultstätte, deren Geschichte offenbar weit in die Vergangheit zurückreicht.

Dabei kann es sich insbesondere um diese Formation um eine frühgeschichtliche Kultstätte aus der Megalithzeit handeln, da sich hier viele interessante Details im Felsgestein befinden, die vor allem auf eine rege Nutzung weit in vorchristlicher Zeit schließen lassen. Der Klusfelsen besteht aus quarziertem Hilssandstein, welcher vor ca. 120 Millionen Jahren im Unterkreidemeer abgelagert wurde. Hierzu gesellen sich auch die Felsen der Teufelsmauer östlich von Blankenburg und der Königsstein bei Weddersleben.

Die eigentliche Bedeutung des Klusfelsens ist bislang unklar. Ein Grund mag darin zu finden sein, dass etwaige kultische Überlieferungen aus diesen Zeiten kaum überdauert haben. Hier gibt es jedoch einige Anhaltspunkte, wie zum einen die Kultstätte selbst, sagenhafte Erzählungen sowie die Hinweise, dass diese Anlage, wie auch unzählige andere Kultstätten, weit in die Zeit der Megalithkultur hineinreicht.

Generell bestanden die meisten alten Kultstätten bereits lange, bevor die kriegerischen Germanen erst wenige Jahrtausende vor der Zeitenwende nach Mitteleuropa eindrangen. Sie trafen hier auf einfache, Ackerbau treibende Bewohner, die aller Wahrscheinlichkeit nach die Nachfahren der Megalithkulturen darstellten und sich nun nach und nach mit den Germanen vermischten.

Anlage, Bearbeitungsspuren und die Verwobenheit lassen vermuten, dass der Klusfelsen mit den Megalithanlagen, Menhiren und Grosssteinskulpturen in Verbindung zu bringen ist, die über ganz Mittel- und Nordeuropa verteilt sind, so beispielsweise in Deutschland, Spanien, Frankreich, England, Schottland, Irland, Skandinavien und Malta. Inwieweit und ob es sich hierbei um dieselbe oder einer verwandten Kultur handelt, lässt sich leider nur noch sehr schlecht verifizieren.

Bild 32: Der Klusfelsen in der alten Kaiserstadt Goslar.

Bild 33 und folgende: Alte, verwitterte Gesichter im Stein.

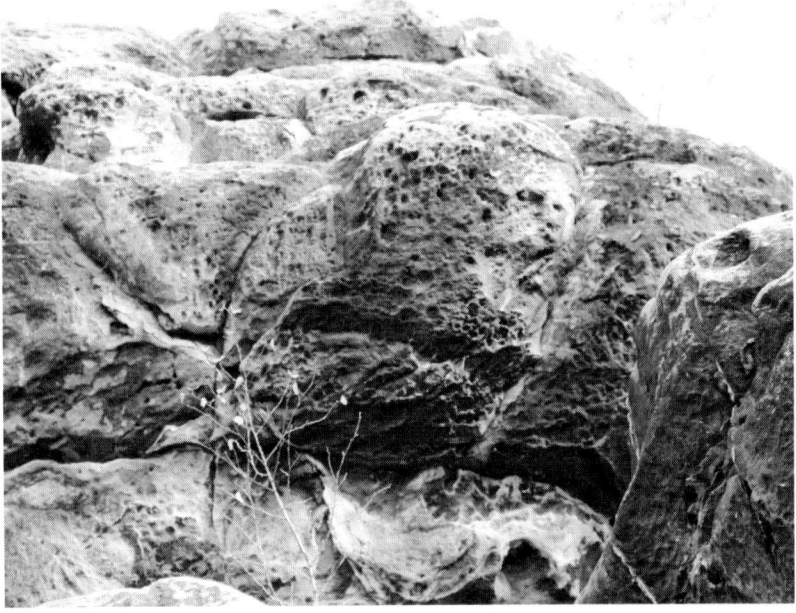

Wenn diese Megalithbauten aus derselben Kultur im engeren Sinne stammen, so müssen die Erbauer eine weitreichende Verbreitung gehabt haben, aus deren Schaffen heraus diese Kultstätten – und somit auch der Klusfelsen – entstanden. Der Kapellenvorplatz des Klusfelsens ist U-förmig gestaltet und liegt der aus dem Felsen gearbeiteten Kapelle vor. Dieser Teil des Klusfelsens geht bereits in den Höhenzug des vorliegenden Petersberges über. Die aus dem Stein herausgearbeiteten Sitzplätze, die nach der Nordseite hin abgebrochen sind, wurden von mittelalterlichen Steinbauten überprägt.

Wenige bzw. spärliche Informationen über den Petersberg und dem Klusfelsen zeichnen ein schwach umrissenes Bild von Herkunft und Ursprung. Der eigentliche Klusfelsen leitet seinen Namen aus dem lateinischen „Clausum" ab, das dem mittelhochdeutschen Wort „Kluse" entspricht. Dies war im frühen Mittelalter die Behausung eines Eremiten.

Im Felsenraum wurde im Jahre 1167 n. Chr. eine Marienkapelle, die sogenannte „Kluskapelle", eingerichtet. Sie wurde im 19. Jahrhundert wieder abgebrochen. Im Volksmund wird der Felsen „Die Clus" genannt. Der Altar der Madonna befindet sich an der nördlichen Wand des Kapellenraumes. Viele vorchristliche Stätten sind nach Norden mit abweichender Richtung Nordost ausgerichtet, so auch die Anlage der Kapelle mit Altar. Die Nordrichtung war unseren Vorfahren aus Nord- und Mitteleuropa scheinbar mythologisch von besonderer Bedeutung. Allgemein wird dafür die seit Urzeiten bestehende Auffassung von Himmelsgewölbe und Sterne als eine Verkörperung göttlicher Kräfte als Erklärung herangezogen, denn anders als die übrigen Himmelsrichtungen hat der Norden ein ganz besonderes Kennzeichen. Auf der Nordhalbkugel sieht es nämlich so aus, als ob sich das gesamte Himmelsgewölbe um einen Punkt, dem Polarstern als dem Mittelpunkt aller Schöpfung, zu drehen scheint. Die gedachte Verbindungslinie von Nordpol zu Polarstern definiert so die Himmelsachse oder Irminsul, den Baum des Lebens. Daher wandten sich unsere Vorfahren bei Gebeten und Verehrung in Richtung Norden, eine kultische Bedeutung, die auch aus anderen Kulturkreisen bekannt ist. So sind beispielsweise die Pyramiden in Ägypten oft nach Norden ausgerichtet. In der christlichen Überlieferung wird der Norden somit gern als „Wohnsitz des Teufels" bezeichnet, um die vorzeitlichen Kulte zu verteufeln. Lag im Norden möglicherweise die Urheimat der Menschen, die diese Kultstätte im heutigen Goslar errichteten? War es gar das mythische Hyperborea?

Unweit des Klusfelsens auf dem Petersberg befindet sich die Ruine der Stiftskirche St. Petri, deren Existenz in das Jahr 1050 n. Chr. zurückgeht. 1527 wurde die Kirche bis auf die Grundmauern zerstört. Unter der ehemaligen Kirche soll sich einem alten Märchen zufolge ein grosser Hohlraum befinden. Dieses Märchen mit dem Titel „Die Blume am Petersberg" berichtet von interessanten Begebenheiten, die auch interessante Parallelen zur Gralslegende aufweist:

„Eines Tages, vor langer Zeit, fand ein kleines Mädchen, als es am Petersberg im Grase spielte, ein unscheinbares, blaues Blümlein, pflückte es mit kindlicher Freude, um sich damit zu schmücken. Aber kaum hielt es das Blümlein in den Händchen, als sich vor ihm der Berg auftat und ein Gang frei wurde, den es voller Neugier beschritt."

Weiter heisst es: „Auf seinem Wege traf es ein kleines Männchen, das es gar freundlich bei der Hand nahm und in einen grossen Saal führte, der von Licht glitzerte und glänzte. An langen Tafeln, über und über mit goldenem und silbernem Gerät bedeckt, saßen ernste, silberbärtige Männer in düsterem Schweigen. Voller Verwunderung blickten sie auf das lustige, kleine Mädchen, das in seinem ärmlichen Gewande so gar nicht zu der Herrlichkeit und Pracht des Saales passen wollte. Aber deshalb wurde der Kleinen doch nicht angst; sie trat freundlich auf einen der Alten zu und reichte ihm die wenigen schlichten Blumen, die sie in ihrer Hand trug."

Im nächsten Moment geschah folgendes: „Da huschte ein leises Lächeln über die ernsthaften Züge des Greises. Seine Hand griff nach einem auf der Tafel stehenden, goldenen Becher und reichte ihn dem erschrockenen Mädchen. Das wandte sich in einer Anwandlung von Furcht plötzlich ohne zu danken um und floh den Weg zurück, wie es gekommen war – ohne sich noch einmal umzuwenden. Als es endlich zu laufen aufhörte, lachte ihm die Sonne strahlend ins Gesichtchen und vor ihm breitete sich der weiche Teppich der Wiese aus, auf der es das blaue Blümlein gefunden hatte. Aber wie es auch suchen mochte, den Eingang in den Berg konnte das Kind nicht wiederfinden. Nur den Becher hielt es in seinen zitternden Händchen. Die Blume hatte es verloren und damit war ihm der Weg zu dem unterirdischen Saal für immer verschlossen."

Interessant ist, dass Sagen oder Märchen, in denen die Akteure mittels einer meist blauen Blume oder auch einem anderen Gegenstand in das Innere eines Berges gelangten und nachfolgend seltsame Begegnungen hatten, weit verbreitet sind. Hierüber finden sich einige Beispiele unter anderem in Jacob Grimms Deutscher Mythologie. Auch der Bezug zur Gralslegende und den Erhalt eines mysteriösen Bechers stimmt nachdenklich. Besonders die Erscheinung der mysteriösen Männchen ist von Bedeutung. Neben den Sagen aus dem Harz und jenen von den Weserbergen, vom

Untersberg oder vom Odenberg, die gemeinhin das Phänomen von Zeitverschiebungen zum Inhalt haben, treten oft auch kleine Männchen, Wichte oder Kobolde hervor.

Der Klusfelsen hat somit mehr Geheimnisse, als man es allgemeinhin für möglich halten möge. Geht man davon aus, dass einschneidende Ereignisse wie Naturkatastrophen weitreichendes Wissen und Erinnerungen alter Kulturen ausgelöscht haben, so gleichen solche Geschehnisse dem Herablassen eines Vorhangs vor der Vergangenheit der Menschheit. Wir heutigen Menschen fragen uns oft nach dem Sinn und Zweck solch gewaltiger Megalithanlagen. Und mehr noch: wir fragen uns, was damalige „Steinzeitmenschen" dazu veranlasste, solche beeindruckenden Vorhaben in die Tat umzusetzen.

Wir können heute davon ausgehen, dass Kultstätten wie der Klusfelsen oder beispielsweise die Externsteine im Teutoburger Wald, bereits in Vorzeiten ein Heiligtum gewesen sind. Besonders interessant sind die steinernen Gesichter am Klusfelsen, die bereits extrem verwittert sind und im Laufe der Zeit auch einigen Zerstörungen zum Opfer gefallen sind. Auch die Flurnamen sind indirekte Hinweise auf „heidnisches" Wirken, so wird der Bergrücken als „Petersberg" bezeichnet, wobei der Name Peter allgemeinhin für Odin (südgermanisch Wodan, neudeutsch Wotan) steht, dem Hauptgott der nordischen Mythologie. Der Felsen liegt am „Osterfeld", was weniger mit dem christlichen Osterfest, als mehr mit der germanischen Göttin Ostara zu tun hat. Die künstlich geschaffenen Räume sind ebenfalls Zeugnisse vorzeitlicher Nutzung, so wie der Felsenkeller und die Felsenkapelle, die lange vor der Nutzung als Marienkapelle als Heiligtum dienten. Auch der Bau der christlichen Stiftskirche spricht dafür, dass dieser Ort einst ein Kultplatz war, da christliche Kirchen mit Vorliebe an alten Kultplätzen errichtet wurden und diese folglich überprägten.

Nach dem Kultstätten-Forscher Prof. Hermeding wurden am Klusfelsen im Wesentlichen folgende vorchristliche Gottheiten und Symbole verehrt: der Klusfelsen stand für Ostara, der Petersberg war Odin geweiht und der Felsenkeller sowie die Kapelle, die miteinander durch die Steintreppe verbunden sind, standen für die drei Nornen, die in der nordischen Mythologie das Schicksal von Vergangenheit, Gegenwart und Zukunft bestimmen. Darüber hinaus der Irminsul, das germanische Kultobjekt und typologisch zum Weltenbaum gehörig, sowie dem Sonnenkreislauf.

Bild 36: Irminsul am Klus in Goslar.

So stehen die einzelnen Stationen am Klusfelsen in einem inneren Zusammenhang, denn die zwischen ihnen zurückliegenden Wege sind nicht nur räumlich zu verstehen, sondern auch als Entwicklungs- und Einweihungsweg des Menschen.

Schon in grauer Vorzeit bereitete die Beschäftigung mit den Skulpturen am Klusfelsen die Menschen auf den weiteren Weg vor, der über die Irminsul, den Weltenbaum und Baum des Lebens zur Kapelle führten, um dort die das Leben erhaltende Kraft zu verehren, die mit der Frühlingsgöttin Ostara gleichgesetzt wird. Die Irminsul der südgermanischen Völker wird in der Edda „Yggdrasil", die Weltesche, genannt. Die Verehrung des durch Odin verkörperten männlichen Prinzips, des für die Erschaffung aller Existenzen notwendigen Schöpferfunkens, erfolgte zudem auf dem Petersberg. Die finale Einweihung in die Mysterien des Odin erfolgte dann in der Höhle des Petersberges. Dieser Ritus wurde meist in Verbindung mit der Frühlings- Tag-und Nachtgleiche, was wir heute unter Frühlingsanfang kennen, vollzogen. Beide Kulte wurden dabei durch die Nornen miteinander verbunden, die das unabwendbare Schicksal von Menschen und Göttern verkörperten.

Nun hat Goslar als alte Bergbaustadt natürlich auch etwas mit den Wichteln, Zwergen und Kobolden zu tun, denn Zwerge galten in der Menschheitsgeschichte oft als Meister des Bergbaus und der Metallschmiedekunst. Es ist nun kein Geheimnis, dass unsere Zwerge zu allen Zeiten und bis auf den heutigen Tag als Bergleute bekannt sind. Wie beispielsweise hier: „Aus Wasser und Erde sind die Korybanten geboren. Wie dem Namen, so kommen sie auch dem Wesen nach, ganz unseren Zwergen gleich. Wie diese sind sie Metallkünstler, kunstreiche Schmiede." (Julius Franz Lauer, Theodor Beccard, Martin Hertz – 1851, Literarischer Nachlass, Bd. 1 – 2).

Doch hinter dem Mythos Zwerge liegt viel mehr verborgen, als bisher auch nur erahnt werden konnte. Dies liegt nicht nur an ihrer kontinentalen Verbreitung und den damit verbundenen Sprachbarrieren, sondern eben auch an einem über die Jahrtausende gehütetem Wissen. In ihrem Buch „Zwerge - die letzten Zeugen einer vergessenen Zivilisation" liefert die Autorin Judith Kürwitz Querverbindungen zu den uns aus vielen Sagen und Märchen bekannten Zwergen mit dem orientalischen Stamm der Korybanten. Und diese Korybanten trugen ebenfalls eine Kopfbedeckung, die den Zwergen von heute nicht unähnlich sind. In Jacob Grimms Deutsche Mythologie heißt es zum Beispiel: „Gleich den deutschen Zwergen tragen auf antiken Bildern die kleinen Korybanten Hüte auf dem Kopf."

Frau Kürwitz hat mir ihrer Arbeit über das Rätsel und Geheimnis der Zwerge eine blitzsaubere Arbeit abgeliefert, die erstaunlich und überaus mysteriös ist. Sie folgte den Spuren der Korybanten, wie der Volksstamm der Zwerge in der Antike benannt wurde, bis in die älteste Menschheitsgeschichte und in den Alten Orient. Heute sind uns Zwerge nur noch aus Gärten bekannt, wo sie uns mit meist roter Zipfelmnütze begegnen und meist mit ältlichen Gesichtern, aber kindlicher Statur dargestellt werden. Ein schönes Brauchtum, insbesondere dann, wenn es auf reale Geschichte zurückgehen würde. In den alten Sagen rund um den Globus gehören Zwerge in jedem Fall praktisch zum Alltag.

Bekannt geworden sind diese als Korybanten benannten Zwerge erst durch die griechische Mythologie. Ihre frühesten Wohnstätten lagen tief im alten Orient und wie könnte es anders sein, ihre Heimat war das größte Gebirge im Iran, das Zagrosgebirge.

Dort liegen auch die Anfänge unserer bekannten Zivilisation. Ihre Metallkunst befand sich schon auf einem beachtlichen Niveau und der Ackerbau hat in diesem Bereich der Erde nachgewiesenermaßen im sechsten Jahrtausend. v. Chr seinen Anfang genommen.

Bild 37: Zwerge waren Meister der Bergbau- und Schmiedekunst. Zwergenfigur in Abterode.

Das von Zwergen oder Korybanten besiedelte Land wurde später Elam genannt. Ein uraltes Königreich mit zwei führenden Königsstädten, Anschan und der späteren Hauptstadt Susa. Die protoelamische Strichschrift ist sogar älter als die sumerische Keilschrift. Die Elamiter gelten in der Wissenschaft als äußerst rätselhaftes, eigenständiges und ungewöhnliches Volk. Woher sie wirklich kamen, bleibt ein Rätsel. Leider ist das verschollene Königreich von Elam heute kaum jemanden bekannt, und doch spielten sich gerade hier ganz entscheidende Entwicklungen ab, welche die erste menschliche Revolution, den Beginn der Zivilisation und damit dass Sesshaftwerden der Menschen zur Folge hatte, vor allem der Einfluss auf die sumerische Kultur sollte hier nicht unerwähnt bleiben.

Zwergensagen gibt es zuhauf. Sie berichten uns stets von angeblich realen Erlebnissen mit einem seltsamen Volk, dass ein immenses Wissen besaß und meist in Bergen oder im Untergrund hauste. Sie gelten sowohl als schlau als auch zauberkundig und waren oft Meister der Metallurgie. Ihre Heimat ist nicht selten das Gebirge, wo sie kostbares Metall zu wundertätigen Waffen, Werkzeugen, Rüstungen und dergleichen verarbeiteten. Sie schmiedeten „Mjölnir (isländisch; aus altnordisch Mjǫllnir)", den Hammer Thors, den Speer „Gungnir", das Geschmeide „Brisingamen" für Freya und unzählige andere Wunderdinge, darunter auch ein Seil, das dünn war wie ein Bindfaden und dabei stark genug, den Fenriswolf zu fangen. Kamen sie aus dem fernen Orient, aus dem vergessenen Reich Elam? Waren sie auch an vielen vorzeitlichen Steinbauten beteiligt? Goslar mit seiner langen Bergbautradition, seinem Sagenschatz und seinen Spuren am Klusfelsen gehört sicherlich zu einer heißen Spur zu einem vergessenen Volk, meisterhaft in Bergbau und Metallverarbeitung, deren Nachfahren über die Jahrtausende bis nach Europa kamen.

Die auf der ganzen Welt verstreuten Überreste und Spuren der Megalithkulturen geben also noch heute trotz ihres zeitbedingten Verfalls großartige Zeugnisse ab von einer womöglich weit fortgeschrittenen Menschheit vor Jahrtausenden. Wenn wir bedenken, mit welchen Mitteln, die uns wohl noch weitgehend unbekannt sind, und mit welcher Intelligenz diese Anlagen erstellt worden sind, dann wird auch deutlich, wie sehr unser Wissensstand hinter den der Vergangenheit zurückgefallen sein muss.

Die Relikte uralten Wirkens weit entwickelter Zivilisationen in Deutschland sind zahlreicher, als man im ersten Augenblick glauben mag. Die Spuren für ihr weltumspannendes Wirken sind aufgrund der langen Zeitspanne, die bislang verstrichen ist, kaum noch auffindbar. Das lag sicher nicht allein an den Kataklysmen im Verlauf der Erdgeschichte, sondern auch an der Zerstörungswut religiöser Fanatiker. Auch der Klusfelsen war mehrmals Opfer dieser Zerstörung, so auch nach der Eroberung durch den in diesem Buch bereits erwähnten Karl den Großen, der in seiner religiösen Zerstörungswut schier unaufhaltsam war. Viele der Skulpturen am Felsen wurden bereits damals durch quergerichtete Meißelschläge beschädigt, um sie unkenntlich zu machen. Und doch sind auch mit den Kultstätten wie der Klusfelsen von Goslar oder den zahlreichen weiteren Kultplätzen in der Harzregion stumme Zeugen übriggeblieben. Sie haben den Lauf der Zeit überdauert, weisen zaghaft in eine phantastische Vergangenheit und möglicherweise zu einem uralten Volk aus dem Norden.

Infos

▶ Den Klusfelsen erreicht man von Süden kommend über die A7 und B82, Parkplatz Osterfeld. Koordinaten Klusfelsen Plus-Code: *WC6V+CM Goslar* und das St. Petersberg Stift hat den Plus-Code: *WC6W+5C Goslar.*

Harzer Kultplätze:
Wo Hexen tanzen und der Teufel Mauern baut

Nicht nur der Klusfelsen ist ein alter Kultplatz. Der Harz als Deutschlands nördlichstes Gebirge und seine Umgebung bergen unzählige Felsen und Steinformationen, die seit Jahrhunderten oder gar seit Jahrtausenden von Menschen als Kult- bzw. Opferstätten benutzt wurden. Besiedelt war die Region bereits vor über 7.500 Jahren. Auch die drei mindestens 5.400 Jahre alten Menhire von Benzingerode bei Werningerode zeugen von einem megalithischen Erbe. Sie sind auf jeden Fall im Rahmen einer Harz-Tour besondere Ziele, die ich jedem Interessierten empfehlen kann.

Doch der Harz hat so viel mehr zu bieten. Da sind beispielsweise die Elfensteine bei Bad Harzburg oder die Kästeklippen mit Zyklopenmauer. Die Kästeklippen sind eine Gruppe beeindruckender Granitfelsen hoch über dem Okertal. Sie erheben sich bis zu 605 Meter über den Meeresspiegel. Diese Felsgebilde sind eines der bekanntesten und beliebtesten Wanderziele im nordwestlichen Harz. Von dort oben hat der Besucher eine herrliche Aussicht in das Flusstal der Oker sowie in das nördliche Harzvorland. Besonders die hier anzutreffenden markanten Gesteinsformationen sind sehr eindrucksvoll, so auch das Steingesicht „Der Alte vom Berge".

Die heutige Form der Kästeklippen verdanken wir der besonders für Granit typischen „Wollsackverwitterung", ähnlich der Steinmonumente im bayrischen Fichtelgebirge. Diese Verwitterungsform bringt bei massivem Gestein abgerundete Blöcke hervor, welche an das Aussehen von Wollsäcken erinnern. Vermutlich war die Gegend um die Kästeklippen in ferner Vergangenheit ebenfalls Schauplatz kultischer Handlungen.

Bei Bad Harzburg findet man auch die Rabenklippen. Nahe der Bergbahn führt der Wanderweg 20A in Richtung dieser interessanten Steinformation. Der Name des Felsens stammt der Legende nach von Raben, die einen Mönch dort vor dem Hungertod retteten.

Bild 38: Der Sachsengott Krodo auf dem Burgberg.

Wenn man Bad Harzburg schon einen Besuch abstattet, sollte man sich den Burgberg und die Überreste der alten Harzburg nicht entgehen lassen. Man erreicht die Ruinen bequem mit der Seilbahn.

Besonders spannend ist auch die Erinnerung an eine sagenhafte Gottheit, die in der Kurstadt bis heute wach geblieben ist. Im Buch „Das Unbekannte gibt es nicht", das ich mit meinem Kollegen

Frank Grondkowski veröffentlicht habe, wurde diese seltsame Gestalt ausführlich vorgestellt. Die Rede ist von der Gottheit Krodo (Crodo), dem sogenannten Krötengott. Eine Figur oder ein Wesen, das bis in das Ende des achten Jahrhunderts bei den damals in der Gegend lebenden Sachsen verehrt wurde. Der Frankenkönig Karl der Große, da war er wieder, der Zerstörer und fanatische Heidenhasser, ließ das Götzenbild im Jahre 780 umstürzen, welches einst auf dem Burgberg gestanden haben soll. Der vorchristliche Gott Krodo wurde vom Klerus dämonisiert und zum Feind der neuen Religion gemacht.

Bild 39 + 40: Relikt aus der Vergangenheit: Der eingemauerte Kopf des Krodo an der Bündheimer Kirche.

In dem Harzburger Stadtteil Bündheim soll es ein Relikt des sagenumwobenen Krodo aus heidnischer Zeit geben. Ich gehe einem Hinweis meines Autorenkollegen Mike Vogler nach und mache mich auf zur Bündheimer St. Andreas-Kirche. Hier findet sich tatsächlich an der Nordseite ein rudimentärer Steinkopf, der ein sonderbares, amphibisch wirkendes Wesen zeigt. Es soll sich um den Kopf der ehemaligen Statue von Krodo handeln, die Karl der Große dereinst zerstören ließ. Bündheim soll bereits im Frühmittelalter als Ort existiert haben, erstmals urkundlich erwähnt wurde er erst um 1251. Die Bündheimer Kirche wurde mehrfach erweitert und umgebaut. Wenn

es sich um einen Überrest der Krodo-Statue handelt, wer hat sie dann die vielen Jahre aufbewahrt, vor dem Klerus versteckt und dafür gesorgt, dass sie später in die Kirchenwand eingemauert wurde?

Die Erinnerung an Krodo ist bis heute fest verankert im Gedankengut der ansässigen Bevölkerung. Noch heute sind viele Einrichtungen im Stadtgebiet Bad Harzburg nach dem Götzen Krodo benannt worden. Die heutige Geschichtswissenschaft bezeichnet Krodo währenddessen als „Pseudogottheit", also eine Göttergestalt, welche zwar in literarischen und populärwissenschaftlichen Werken auftaucht, historisch aber nicht anerkannt wird.

Eine moderne, wunderschöne Krodo-Statue auf dem Burgberg erinnert heute an diese interessante Sagengestalt. Darüber hinaus findet man am Harzburger Jungbrunnen in der Stadt neben anderen Sagenfiguren auch eine kunstvoll dargestellte Krodo-Figur.

Der Brocken ist ein besonderes Etappenziel jeder Harzexkursion. Er ist mit 1.141 Meter Höhe der höchste Berg des Harzes, dessen Gipfel oberhalb der Baumgrenze liegt. Das gesamte Gebiet um den Berg herum ist als Nationalpark deklariert. Heute ist der Brocken hauptsächlich eine Wetterstation und ist durch extreme Wettersituationen und überraschende Wetterwechsel auch meteorologisch sehr interessant.

Bild 41: Verwechslungen wären rein zufällig:
Links die Krodo-Darstellung am Harzburger Jungbrunnen, rechts der Autor.

Der Blocksberg, wie er im Volksmund genannt wird, ist einer der interessantesten Schauplätze, denn hier trägt die Natur zu einem leichten Schauergefühl nicht ganz unwesentlich bei. Dichte Nebelschwaden, von Stürmen und Schneelasten umgestürzte Bäume und schwer begehbare Wanderwege sind nicht unbedingt eine Einladungskarte für den Brocken. Hinzu kommt, dass der Brocken allgemeiner Treffpunkt für Geister und Hexen ist. Hier wird auch alljährlich in alter Tradition die Walpurgisnacht gefeiert. Da kann es schon mal gruselig zugehen.

Seit Jahrhunderten erzählt man sich schauderhafte Geschichten vom Brocken. Schnell dichtete man ihm ein wildes Treiben von Hexen, Teufeln, Kobolden und anderen Gestalten an. Selbst der große Goethe konnte sich der Faszination dieses Berges und seiner Mythen nicht entziehen. Mit seinem „Faust" und dem Überflug der Hexen vom Hexentanzplatz bei Thale zum Brocken, wurde nicht nur ein bedeutendes literarisches Werk geschaffen, sondern wohl auch unbewusst die „Brockenhexe" als Harzer Symbolfigur in den Vordergrund gerückt.

Zu den vielen Sagen trug vielleicht bei, dass die Spitze des Brockens etwa 300 Tage im Jahr im Nebel liegt. Dadurch sind seltene optische Effekte zu beobachten, sogenannte Halos. Darüber hinaus trug das nach Augenzeugen mehrfach beobachtete Brockengespenst zu den Geschichten bei, welches den Wanderern Schrecken einjagt. Dieser Effekt entsteht durch die Nebel- und Wolkenfelder, die unheimliche Schattenwürfe durch die Luftbewegung verursachen. Beschrieben wurde dieses Phänomen zuerst im Jahre 1780 und auch Goethe, der zweimal den Brocken bestieg und als erster überhaupt eine Winterbesteigung des Berges vornahm, wusste davon zu berichten.

Unsere heutige Bezeichnung Hexe leitet sich vom althochdeutschen Wort „hagazussa" ab, was so viel bedeutet wie Zaunweib. Dieser Begriff wird etwa seit dem 16. Jahrhundert für weibliche Individuen verwendet, die geheime Künste beherrschen oder Zauberkräfte besitzen. All ihre dämonischen Fähigkeiten erhalten die Hexen angeblich durch einen Pakt mit dem Fürsten der Finsternis.

In vorchristlicher Zeit gab es im Harzgebiet vermutlich noch keinen im Volk fest verankerten Glauben an Hexenwesen. Diese Vorstellung entstand wahrscheinlich erst in der Zeit des Hochmittelalters. Der ursprünglich noch recht diffuse Hexenglaube erhielt im Laufe der Zeit immer mehr Konturen. Die moderne Forschung geht davon aus, dass die Kriege zwischen christlichen Franken und den heidnischen Sachsen vor rund 1.200 Jahren zum Hexenglauben mutierten. Die Heiden flüchteten vor der brutalen Gewalt der Christianisierung in schwer zugängliches Waldgebiet und verkleideten sich mit Dämonenmasken, die ihre Häscher in Angst und Schrecken versetzen sollte. Auch hatten die Heiden häufig Besen dabei, um die Kultplätze vom Schnee zu befreien, so zumindest die „nüchterne" Erklärung der Wissenschaft. Oft wurde den Hexen nachgesagt, Krankheiten und Tod herbeizuführen sowie materielle Schäden anrichten zu können.

Später, etwa im 16. Jahrhundert, kam die Vorstellung vom Hexensabbat hinzu. Bei dieser teuflischen Party in Form einer schwarzen Messe wurde Satan von den Hexen verehrt sowie christliche Symbole und Handlungen pervertiert. Sexuelle Ausschweifungen, undurchsichtige Zauberei, obszöne Rituale wie das Gesäß des Teufels küssen, wollüstige und wilde Tänze, Kannibalismus und Kindermord gehörten angeblich zum Repertoire dieser nächtlichen Orgien.

Die Anreise der Hexen zum Hexensabbat erfolgte vorgeblich durch die Lüfte. Dabei benutzten sie die berüchtigten Besen, Mistgabeln oder Tiere als Fluggeräte, welche sie vorher ebenso wie sich selbst mit einer Hexensalbe einrieben, die halluzinogene Zustände hervorrief. Ob dies alles der Grund dafür ist, dass der Brocken ein leicht beklemmendes Gefühl bei dem Einzelnen auslöst, möge jeder Besucher für sich selbst beantworten. Bei den Märchen, Sagen und Mythen nennt man ihn mal Bloicksberg, Blokkesberg, Blocks-Bergs oder eben den Blocksberg, dessen Nachnamen jedem Kind bekannt ist, welches die zahlreichen Geschichten von Bibi Blocksberg kennt.

Nun ist der Brocken nicht ganz alleine mit seinen Schauergeschichten um die Hexen, denn bei Thale befindet sich das Bodetal mit der Rosstrappe und dem Hexentanzplatz. Die Rosstrappe liegt gleich gegenüber vom Hexentanzplatz, ein markanter Felsvorsprung, der weit in das Bodetal hineinragt. Hier geht es bedeutend ruhiger zu als auf dem lebhaften Hexentanzplatz. Die größte Attraktion ist der sagenumwobene Hufabdruck, möglicherweise Verwitterungsreste eines alten Kultplatzes. Die Rosstrappensage weiß denn auch davon zu berichten, wie dieser entstanden ist:

„Auf der Flucht vor dem wilden Böhmenkönig Bodo rettete sich die schöne Königstochter Brunhilde durch einen waghalsigen Sprung mit ihrem Pferd über das tiefe Tal eines Gebirgsbaches zum gegenüberliegenden Felsen. Mit Mühe erreichte sie diesen, verlor aber dabei ihre Krone. Der Felsen erhielt später den Namen „Rosstrappe", noch heute kann man dort den Abdruck des Hufeisens bestaunen. Der König Bodo aber stürzte in das Tal des Baches, welcher seither den Namen „Bode" trägt. Als Hund verwandelt, bewacht er bis auf den heutigen Tag im dortigen Kronensumpf die Krone der Prinzessin."

In der Nacht zum ersten Mai versammeln sich jedes Jahr die Hexen auf dem Hexentanzplatz, um zum Blocksberg zu fliegen und sich dort mit dem Teufel zu vermählen. In den letzten Jahren hat sich daraus eine moderne Massenveranstaltung mit umfangreichem Kultur- und Volksfestprogramm und Zehntausenden Teilnehmern aus ganz Deutschland entwickelt. In der ganzen Gegend wimmelt es dann nur so von zu „Hexen" und „Teufeln" mutierten Menschen.

Nicht nur auf die jüngere Generation hat die Walpurgisnacht eine ungeheure Anziehungskraft.

Die ausgefeilte Mischung aus Brauchtum, Magie und Erotik ist scheinbar für alle Altersgruppen faszinierend.

Bild 42+43: Mutige Fahrt mit der Seilbahn auf den Hexentanzplatz.

In den meisten europäischen Ländern glaubte das Volk an die Existenz von Hexen. Eine wichtige Rolle spielte dabei die Kirche. Im Jahre 1484 befahl Papst Innozens VIII. (1432-1492) das Aufspüren von Hexen. Drei Jahre später erschien dazu ein entsprechendes Regelwerk der beiden Dominikanermönche Jakob Sprenger (1435-1495) und Heinrich Kramer (1430-1505), das unter dem unrühmlichen Namen „Hexenhammer" bekannt gewordene Werk „Malleus Maleficarum". In diesem wurden Mittel und Methoden zur Hexenverfolgung bis ins Detail beschrieben, der ganze Vorgang „wissenschaftlich" begründet und juristische Konsequenzen vorgegeben. Von da an brannten, wie in ganz Deutschland, auch im Harz die Scheiterhaufen, so wie bereits vorher im europäischen Ausland. Bis zum Ende des 18. Jahrhunderts wurden über 70.000 der Hexerei beschuldigte Menschen verbrannt. Die Dunkelziffer geht ins Unzählbare.

Bild 44+45:Teufel und Hexengroßmutter Wadelinde auf dem Hexentanzplatz, Thale.

Dabei waren es nicht immer nur Frauen, die der Hexerei angeklagt wurden. Etwa 75% der Opfer waren Frauen, der übrige Teil waren aber auch Kinder, alte Menschen, Männer mit besonderen Heilkünsten, Magier und unliebsame Zeitgenossen, die aus dem Weg geräumt werden mussten.

Aber nicht nur in der Nacht zum ersten Mai herrscht in heutigen Tagen reges Treiben auf dem Hexentanzplatz, dem nach dem Brocken wohl bekanntesten Ort im Harz. Er liegt etwa 450 Meter über dem Meeresspiegel auf einem sich fast senkrecht aus dem Bodetal erhebenden Felsen. Bei schönem Wetter kann der geneigte Besucher von hier aus einen herrlichen Blick weit in das nördliche Harzvorland hinein genießen. Auf seinem Gelände befinden sich auch die 1901 erbaute Walpurgishalle und ein kleines Museum über die Sage vom Hexensabbat, wo auch ein vorgeschichtlicher Opferstein zu sehen ist.

Über den Hexentanzplatz finden sich die Reste des sogenannten Sachsenwalls. Die Trockenmauer aus Granitsteinen erstreckt sich vom Rand des Steinbachtals bis zum Rand des Bodetals. Eine kultische Nutzung wird um die Zeit von 750 bis 450 v. Chr. vermutet. Ob dieser Steinwall wirklich von den Sachsen errichtet wurde, ist nicht ganz sicher. Vorgeschichtliche Funde lassen auf die kultische Nutzung schließen. Alte Bezeichnungen des Sachsenwalls lauten denn auch Teufelsmauer oder Heidenwall.

Mit der Bodetal-Seilbahn erreicht man den Hexentanzplatz ganz bequem. Unser Hund Fritz ist ganz mutig und fährt ebenfalls in der Kabine mit. Während der Fahrt schaut er offenbar fasziniert aus dem Fenster und betrachtet die Bäume mal aus einer ganz anderen Perspektive. Oben angekommen, zeichnet sich heutzutage allerdings ein ganz anderes Bild, als man es von so einem ursprünglichen Ort der Vergangenheit erwarten würde.

Massen von Touristen bewegen sich auf dem Terrain, Wurstbuden, Andenkenläden und Spielplätze wechseln sich ab. Es herrscht ein unerträgliches Treiben auf dem Plateau und ich bin fast entsetzt. Auf den Felsen des Hexenringes krabbeln unbeschwert Kinder und Jugendliche. Einst ein uralter Kultort, heute Freizeitpark für Touristen. Auf diesen Findlingen thronen der Teufel und ein Homunkulus, ein künstlich geschaffenes Wesen, das teils Schwein, Nagetier und Drachen zu sein scheint. Darüber hinaus steht die Hexengroßmutter Wadelinde lasziv an einem Findling, die im Begriff ist, damit den Hexenring zu schließen. Es handelt sich um Werke des Diplom-Metallgestalters Jochen Müller aus dem Jahr 1996. Was aus einem alten, heidnischen Kultplatz doch werden kann. Wieder unten an der Talstation der Seilbahn angekommen, kann man sich entweder im Kletterwald sportlich betätigen oder folgt dem interessanten Mythenpfad.

Heute bekommen Sie als Souvenir diese beliebten Hexen in fast jedem Geschäft im Harz. Wobei der Wunsch nach einer originalen und dazu handgeschnitzten Hexe in den wenigsten Fällen in Erfüllung geht. Die meisten Hexen haben ihren Geburtsort in China, Taiwan und anderen Ländern. Doch gerade in der Walpurgisnacht erkennt so manch ein Mann, wie viele hübsche und zauberhafte Hexen es im schönen Harz doch geben kann.

Wenn ich von überirdischen Wesen berichte, gehören nicht nur Hexen und Teufel in die sagenhafte Welt aus unbekannter Vorzeit. Im Waldgebirge hausen auch wilde Gesellen, wie beispielsweise der Wilde Jäger Hanns von Hackelberg, der von seiner kläffenden Hundemeute sowie Hexen, Untoten und der Haulemutter vom Dreibodestein begleitet wird. In den Wirtshäusern und der ansässigen Bevölkerung erzählt man sich, dass der unheimliche Jäger mit achtlosen Waldwanderern und Wilderern kurzen Prozess macht.

Wenn man im Harz unterwegs ist und ein Auge auf Ungewöhnliches aus fernen Tagen hat, begegnet dem aufmerksamen Beob-
achter derweil auch ein völlig verwildertes Geschöpf, zumindest
als Statue, auf Wappen oder auf alten Münzen. Der wilde Mann
als unbezähmbarer Geselle lebt angeblich noch heute im undurch-
dringlichen Walddickicht und ist angeblich hinter kostbaren Er-
zen her. Der Ort Wildemann erinnert an diese Geschöpfe, halb
Mensch, halb Tier. Ein Bigfoot im Harz vielleicht? Bei unseren
Exkursionen in den Wäldern sind uns jedenfalls keine dieser wilden Gesellen begegnet.

Aber auch Zwerge spielen in der Harzer Mythologie eine große
Rolle, wie ich im vorherigen Beitrag zum Klusfelsen bereits aus-
führte. Zwergenkönig Hübich sei hier nur stellvertretend genannt.
In grauer Vorzeit lebte er in einer Höhle unter dem Hübichenstein
bei Bad Grund. Der Zwergenkönig galt als freundlich gegenüber
den Menschen, doch hart bestraft wurde jeder, der seinen Felsen
bestieg. Gut 50 Meter ragen die zwei Felsen in den Himmel. Die
Sage vom Zwergenkönig berichtet auch von seinem herrlichen
Schloß, dass Hans, der Sohn eines Försters, einst betreten durf-
te. Hübich führte den Jungen durch ein Portal im Felsen in sein
Reich, hier flimmerte und glänzte es überall. Von der Decke hing
ein kristallener Kronleuchter herab und alles war mit Silber und
Gold verziert. Mit Schätzen beladen brachte Hübich den Förster-
sohn wieder zurück in seine Erdenwelt. Eine seltsame Welt muss
das gewesens ein. Heute haben wir andere Namen dafür: fremde
Dimensionen, Zeitportale, Parallelwelten. Wieviel Wahrheit steckt
wirklich in unseren Märchen und Sagen?

Wenn man interessante Ziele im Harz besucht, darf auch der
Abstecher zur Steinkirche Scharzfeld nicht fehlen. Vom Parkplatz,
der sich unter der Brücke der B27 befindet, geht man knapp 50
Meter auf dem geteerten Weg weiter und verlässt ihn nach rechts.

Der gesicherte, ansteigende Pfad ist ein wenig schweißtreibend und führt nach zwei Serpentinen direkt zum Plateau der Steinkirche. Oben angekommen, wird man jedoch auf der Anhöhe für seine Mühen belohnt. Ein kleines Plateau im oberen Drittel des ca. 50 Meter hohen Hanges ist von zwei Seiten von Dolomitfels und zur Hangseite von drei alten Eichen begrenzt. Die Höhle liegt oberhalb von Scharzfeld. Es handelt sich um eine rundbogige Höhle, eingebettet im Felsgestein. Die Höhle ist etwa 28 Meter lang, rund sechs bis acht Meter hoch und ebenso breit.

Bild 46: Vorplatz der Steinkirche mit Höhleneingang.

Schon in früher Zeit bot die Felshöhle den Menschen Schutz. Belegt sind Zeiträume von vor über 15.000 Jahren, als sich die letzte Kaltzeit dem Ende neigte. 1926 fand man bei Ausgrabungen eine Feuerstelle mit Bratenplatte und Werkzeugen der Jäger aus

jener Zeit. Bei den Funden handelte es sich auch um Feuerstein-
messer, außerdem eine Knochennadel und Tierknochen. Aufgrund
vergleichbarer Funde in Frankreich konnte man die Fundstücke
Rentierjägern in einer späteiszeitlichen Umgebung zurechnen. Sie
hatten sich hier einen perfekten Rastplatz geschaffen. Überall in
der Höhle finden sich noch Spuren menschlicher Bearbeitung.

Auch später wurde die Höhle von Jägergruppen für kurze Auf-
enthalte genutzt, so auch von mittelsteinzeitlichen Waldjägern um
5000 v. Chr. und Menschen während der vorrömischen Eisenzeit
um 500 v. Chr. Später kamen die Germanen und verwendeten die
Höhle vermutlich als Kultstätte.

Vor rund 1.000 Jahren war es vorbei mit den heidnischen Kul-
ten. Die Felshöhle wurde zu einer frühchristlichen Kirche mit bis
heute erhaltener Kanzel, dem Altar und dem Weihwasserbecken
umgebaut. Einer Überlieferung nach existiert sie angeblich bereits
seit dem Jahre 732 und wäre damit die älteste Kirche im Harz.
Der Altarplatz, die Kanzel und die Weihwassernische stammen
aus dieser Epoche. Der Vorplatz wurde zwischen 900 und 1500
n. Chr. auch als Friedhof für mehr als 100 Menschen genutzt. An
der südlichen Wand der Höhle befindet sich darüber hinaus ein
heute verschlossener Zugang zu einen Gangsystem, das mehrere Abzweigungen hat, die sich acht beziehungsweise zehn Meter
weit fortsetzen.

Überall findet man Reste von Räucherstäbchen und Kerzen,
diese zeugen davon, dass auch in heutiger Zeit immer noch Leute
hierherkommen, um die Anziehungskraft dieses Ortes zu spüren.
Auch in der Höhle spürt man eine fast schon energiegeladene At-
mosphäre, besonders im hinteren Teil der Höhlenmitte ist eine besondere Stimmung, wenn man in Richtung Höhlenausgang blickt.

Von hier aus hat man auch einen schönen Blick auf das umliegende Gelände. Ein idealer Moment, um über die Sagen und Legenden rund um die Steinkirche nachzudenken. So soll der Missionar Bonifatius im achten Jahrhundert die Höhle mit einem hölzernen Hammer eigenhändig aus dem Felsen gehauen haben. In der nahegelegenen Oder, einem östlichen Zufluss der Rhume in den Landkreisen Goslar, Göttingen und Northeim im südöstlichen Niedersachsen, habe er Heiden getauft. Wir wissen heute, dass die Höhle um ein Vielfaches älter ist.

In der höhlenartigen Steinkirche habe in heidnischer Zeit eine alte und weise Frau gelebt, die Ratsuchenden geholfen habe. Eines Tages habe sie ein Mönch in schwarzer Kutte in Begleitung von fränkischen Kriegern vertrieben. Ein Einhorn soll sie vor ihren Verfolgern geschützt haben. Die Frau schloss sich der Hexengemeinde auf dem Hexentanzplatz des Brockens an. Danach sei der schwarze Mönch in einem Erdloch verschwunden, was zur Entdeckung der Einhornhöhle geführt habe. Eigentlich gab es aber keine Entdeckung der Höhle, da sie schon seit der Steinzeit bekannt war und nie in Vergessenheit geraten ist.

Die Legende über die alte und weise Frau bringt als Fabeltier ein Einhorn ins Spiel, nach dem die bei Scharzfeld gelegene Einhornhöhle benannt ist. Ist diese Story wirklich nur eine Legende oder lebte einst wirklich eine heidnische Magierin oder Zauberin in der Steinkirche?

In der Unterharzregion, bei Blankenburg in der ehemaligen Deutschen Demokratischen Republik, liegt ein weiteres Objekt, das ebenfalls im höchsten Maße beeindruckend ist: Die gigantische Teufelsmauer. Zwar sind die aufgeschichteten Felsbrocken der Sage nach vom Teufel selbst errichtet worden, doch handelt es sich hier um eine, wohl bemerkenswerte, jedoch rein geologische Formation. Frühe kultische Verehrung allerdings nicht ausgeschlossen, denn man findet an mehreren Orten Opferfelsen aus heidnischer Zeit und Thingstätten wie den Thiepark in Blankenburg sowie in der Nähe den Steinkreis von Derenburg. Auch der „Gläserne Mönch" bei Halberstadt / Langenstein ist eine alte Kultstätte, an der prähistorische Funde belegt sind. Hier und da scheint man im Felsen mit ein wenig Fantasie eine Figur oder seltsame Gesichter zu erkennen. Die nahe Fuchsklippe besitzt große Steine mit Opferschälchen.

An dem Abschnitt in Weddersleben findet sich ein Gedenkstein, der daran erinnert, dass auch Dichterfürst Goethe im September 1784 zu geologischen Studien an der Teufelsmauer weilte.

Bild 47: Gedenkstein an der Teufelsmauer, der an den Besuch Goethes erinnert.

Die Sage um die Teufelsmauer berichtet, wie diese entstanden sein soll:

„Vor Urzeiten, als Gott und Teufel die Erde unter sich aufteilten, wurde zwischen beiden vereinbart, dass dem Teufel all das Land gehören sollte, welches er in einer Nacht bis zum ersten Hahnenschrei mit einer Mauer umbauen konnte. In jener Nacht, als der Teufel sein Bauwerk begann, war nun aber eine alte Frau unterwegs, die auf dem Markt einen Hahn verkaufen wollte. In der Dunkelheit stolperte sie, und der Hahn erschrak sich dabei und begann zu krähen. Der Teufel hörte dies und dachte, dass seine Zeit schon um sei und riss vor lauter Wut die Teufelsmauer wieder ein. Die Reste sind bis auf den heutigen Tag stehengeblieben.“

Die Sage von den drei Elfen ist in Sachen Teufelsmauer ebenfalls interessant: „Einst hatte ein Kriegsmann als Dank für seine Dienste ein Stück Land hinter Thale, zur Teufelsmauer hin, erhalten. Das rodete er im Schweiße seines Angesichts. Fast hatte er sein Tagewerk vollbracht. Die Stämme lagen kreuz und quer, welk hingen die Zweige. Nur noch drei Bäume standen gegen den Abendhimmel und er war zu müde, noch Hand an sie zu legen. Wie er jedoch im Einschlummern begriffen war, schien es ihm, als vernähme er Jammern und Wehklagen und er sah kleine Frauengestalten, durchschimmernd wie Nebelwölkchen, in den Zweigen, die barmten, dass sie nun auch ihr Leben verlieren sollten wie ihre Schwestern. ‚Euch soll kein Leid geschehen‘, rief er und hielt sein Wort. Als jedoch viele Jahre später ein Nachfahre auch diese Bäume abhackte, dorrte der Boden aus, und der Wind trug ihn davon und mit ihm den Reichtum. So ergeht es all jenen, die die kleinen Geister nicht achten wollen und nichts weitersehen als nur sich selbst und ihre Habgier.“

Ganze 20 Kilometer lang zieht sich die Teufelsmauer von Blankenburg bis Ballenstedt. Herausragende Felsen der Teufelsmauer sind der Großvater- und Großmutterfelsen. Vorgeschichtliche Funde deuten auf eine aktive kultische Nutzung hin. Ein besonders spektakulärer Abschnitt erstreckt sich am Ausgang des Bodetals bei Weddersleben. Hier präsentieren sich die bizarren Königs- und Mittelsteine. Die sich am nördlichen Harzrand entlangziehende Teufelsmauer ist eine steilstehende Schichtrippe aus kreidezeitlichem Sandstein. Entstanden vor über 75 Millionen Jahren, bilden die Felsen der Teufelsmauer eine geologische Naht innerhalb der Erdkruste. Am Hamburger Wappen bei Timmenrode befindet sich eine Höhle, das sogenannte „Teufelsloch". Nordwestlich davon liegen die „Kuhställe", ebenfalls Höhlen, über die auch eine Sage erzählt wird, in der ein Hirte mit seinen Rindern einst bei Gewitter von einem kleinen Männchen in die nördliche Höhle geführt wurde. Daraufhin wurde das Männlein zum Teufel und verschloss den Eingang mit einem großen Stein. Die Bullen der Herde rammten allerdings den Felsen weg. Noch heute würde man die dort entstandenen Fenster sehen.

Zwischen Hamburger Wappen und der Kucksburg findet der aufmerksame Besucher uralte Rillen am sogenannten Orakelfelsen. Hierbei handelt es sich um eine uralte Kultstätte, die Rillen wurden parallel in den abschüssigen Felsen geschlagen.

Wer hier auf Spurensuche ist, dem sei geraten, in Halberstadt den Domplatz zu besuchen, denn er war früher ein Thingplatz, eine Versammlungsstätte. Auch der Teufelsstein findet sich neben den Dompforten und war einst ein Opferstein. Für den Freund der uralten Spuren dürfen die Klusberge in Halberstadt mit der Teufelskanzel nicht fehlen. Vor Jahrtausenden gab es hier bereits eine Sternwarte und beim Bau der Umgehungsstraße in Harsleben wurde unlängst eine rund 3.500 Jahre alte Kreisgrabenanlage entdeckt.

Hier entdeckte man die Überreste beigesetzter Frauen, die offenbar eine besondere Stellung in der damaligen Gesellschaft innehatten. Schließlich sei der sogenannte Eselstall bei Westernhausen erwähnt.

Hierbei handelte es sich um eine sehr große Steinsetzung, die längst zerstört ist. Einzelne Monolithen trotzen der Vergessenheit. Auf einem alten Gemälde ist der ovale Steinkreis noch zu sehen. Sandsteinblöcke umgaben einen etwa vier Meter hohen Megalithen mit runenartigen Inschriften und der Steinkreis hatte einst einen Durchmesser von rund 120 bis 170 Meter.

Bild 48: Die Teufelsmauer bei Weddersleben.

Bild 49: Die Teufelsmauer aus der Vogelperspektive..

Welche Kulte von unseren Altvorderen um die Region der Teufelsmauer genau zelebriert wurden, ist unklar. Hinweise auf einen Sonnenkult bieten die eingemeißelten Sonnenräder am Königsstein oder Kamelfelsen. In jedem Fall spannende Zeugnisse einer ereignisreichen Vergangenheit.

Ein weiterer Berg im Harz ist ein idealer Ort für spannende Exkursionen und darf nicht unerwähnt bleiben. Man nennt ihn den Wurmberg. Der Gipfel des Wurmberges ist mit alten, eigenartigen Steinanlagen überzogen, die als Überreste einer vermeintlich Jahrtausende alten, vorchristlichen Kultstätte interpretiert wurden.

Eine lange, in gerader Linie geführte und aus unbehauenen Steinen gefügte Treppe beginnt etwa 90 Höhenmeter unterhalb des Gipfels an der Ostflanke des Berges und mündet am Rand des Gipfelplateaus in ein Terrassenfeld mit Kanten aus gleichfalls unbehauenen Steinen. Im Volksmund nannte man diese Treppe im 19. Jahrhundert „Heidentreppe", nach der Jahrhundertwende wurde der Name „Hexentreppe" gebräuchlich. Der deutsche Lehrer und Schriftsteller Heinrich Pröhle (1822-1895) berichtete 1856 in seinen „Harzsagen", dass in Verlängerung der Treppe ein steinerner Weg auf dem Plateau zu einem Steinhaufen führt. Anlässlich seiner Sammlung der Sagen des Oberharzes wurde ihm 1851 durch Bewohner Braunlages berichtet, dass dort einst ein heidnischer Tempel gewesen wäre.

Zwischen 1949 und 1956 führte der Forscher Walter Nowothnig (1907-1971) auf dem Wurmberg mehrere archäologische Grabungen durch. Im Laufe dieser Grabungen wurde der steinerne Weg wiederentdeckt und schließlich am Ende des Weges eine kreisrunde Wallanlage von etwa 10 Meter Durchmesser freigelegt, welche die Reste eines quadratischen Steinbaus umschließt. Des Weiteren wurden südlich des Weges die Fundamente eines kleinen Rundbaus entdeckt, sowie eine weitere größere Wallanlage am Westrand des Gipfelplateaus. Nowothnig fand keine Anhaltspunkte für die Datierung der Anlage, weshalb sie fortan als „prähistorische Kultstätte unbekannter Zeitrechnung" geführt wurde.

Spekulationen machten aus den Steinsetzungen schnell eine keltische Kultanlage. Der quadratische Bau innerhalb der Wallanlage wurde zu einem „Tempel", der Weg zu einer „Prozessionsstraße", die Steinterrassen zu einem „Kulttheater" und die Reste des kleinen Rundbaus erhielten den Namen „Hexenaltar". Spätere Untersuchungen ergaben ein ernüchterndes Alter der Anlagen zwischen 1800 und 1850. Einzig das Alter der steinernen

Terrassenanlage konnte nicht zweifelsfrei geklärt werden. Möglicherweise handelt es sich um eine durch starke Erosion natürlich entstandene, geologische Formation, die später von Menschenhand ausgeprägt wurde. Hier wäre allerdings der ursprüngliche Zweck der Wurmberganlage von besonderem Interesse. Die wahre Bedeutung dieser Steinsetzungen bleibt wohl weiterhin rätselhaft und doch kritisch beäugt.

Schließlich mache ich noch einen kleinen Abstecher nach Werningerode. Da ich ursprünglich aus der Pfalz komme, muss ich einem Gerücht nachgehen und eine kleine Kuriosität dem Kapitel über die rätselhafte Pfalz in diesem Buch vorwegnehmen.

Grundsätzlich kennt der Harz genug gruselige Gestalten, ob Hexen, Zwerge, den Teufel oder wilde Männer. Aber der Name einer Kreatur lässt mich aufhorchen: die Elwedritsche. Eigentlich handelt es sich um ein Fabelwesen aus der Pfalz, ein sechsfüßiges Wesen mit seltsamen Stielaugen, Zöpfen und einem langen Schnabel. Es besitzt kleine Flügel, ist aber eigentlich flugunfähig. Im Pfälzer Wald sind diese kuriosen Elwedritsche überall bekannt. Was macht das vermaledeite Vieh also in Werningerode? Auf dem Neuen Markt in Werningerode findet sich die Erklärung. Im Jahre 1989 hatte man nämlich eine Städtepartnerschaft zwischen Wernignerode und Neustadt an der Weinstraße. So kam es, dass Werningerode ein Kunstwerk mit der Darstellung einer Elwedritsche-Mutter bekam, die gerade ein Ei legt. Ich bin gespannt, ob sich dieses Pfälzer Fabelwesen hier im Harz wohlfühlen wird.

Infos

▶ Der Brocken ist der höchste Aussichtsgipfel Norddeutschlands mit einem Museum, erreichbar auf Wanderwegen oder per Bahn. Plus Code: *QJX8+Q3 Wernigerode*. Die Teufelskanzel auf dem Brocken ist Bestandteil vieler Sagen, Legenden und Erzählungen.

▶ Der Wurmberg in Braunlage bietet eine phantastische Aussicht auf die Harzer Region. Der Plus Code *QJ48+JR Braunlage* bezieht sich auf die Bergstation Wurmberg Seilbahn.

▶ Der Hexentanzplatz Thale ist ein wunderbarer Ort mit toller Aussicht. Der Plus Code lautet *P2MG+38 Thale*. Die Rosstrappe liegt dem Bodetal gegenüber vom Hexentanzplatz und ist ein ruhiger Aussichtspunkt: *P2P9+VF Thale*.

▶ Die einzigartigen Felsen der Teufelsmauer Thale sind bekannt für ihre Legenden und ungewöhnlichen Felsformationen: *Q34M+WM Thale*

▶ Die sehenswerte Ruine Burg Scharzfels findet sich hier: *JCH5+H8 Bad Lauterberg im Harz*. Bei einem Besuch Steinkirche, *J9MH+92 Herzberg am Harz*, und Einhornhöhle, *JCP3+3Q Herzberg am Harz*, nicht vergessen.

Der flüsternde Stein:
Ein Überbleibsel verlorenen Wissens?

Vom Harz möchte ich Sie nun nach Hessen entführen. Der kleine, idyllische Ort Wolfershausen ist einer von 16 Stadtteilen der Stadt Felsberg im Schwalm-Eder-Kreis und schmiegt sich im Norden von Hessen nordöstlich des Hauptortes an einer Schleife der Eder an. Der Ort wird erstmals im Mittelalter, um 1061 n.Chr., in einer Urkunde des Klosters Fulda erwähnt. Ein gewisser Abt Widerad von Eppenstein tauschte dereinst von einem edlen Herren Irmfried und seinem Weibe ein Landgut in der Grafschaft Maden und übergab dieses Gehöft dem Klostergut Morschen. Zu diesem Tausch gehörten neben den Orten Hebel und Heßlar auch Wolfeshuson.

Doch diese Region war lange vor dieser Zeit besiedelt, und zwar von einem steinzeitlichen Volk, das der geheimnisvollen Megalithkultur zuzuordnen ist, einer Reihe nicht miteinander verwandter, europäischer bzw. zirkummediterraner archäologischer Kulturen. Die Zeitabschnitte variieren stark und werden entsprechend den archäologischen Beifunden von ca. 10.000 v. Chr. bis etwa 1000 v. Chr. eingeteilt. Die megalithische Bauweise zeichnete sich vor allem aus durch Hügelgraber, Großsteingräber und die Verwendung großer Steine und ist weit über der iberischen Halbinsel über England, Frankreich und Deutschland bis nach Anatolien mit ihren uralten und umfangreichen Megalithtempeln nachweisbar. Vielfältige Konstruktionen haben ihren Ursprung aus dieser Bauweise, so beispielweise Hünengräber, Dolmen, Ganggräber, Steinkreise oder Steinreihen. In Westeuropa nennt man solche Steinkreise auch Cromlech, nach dem bretonischen Wort „crom" wie „krumm" und „lech" wie „Stein". In Großbritannien sowie Irland werden sie als Henges bezeichnet, was aus dem altenglischen

*Bild 50: Der Riesenstein von Wolfershausen. Ein wahrer Koloss unter den mitteleu-
ropäischen Menhiren.*

Wort „hengues" wie „hängen" stammt. Zumeist bestehen diese Konstruktionen aus Menhiren in Kreis- oder Hufeisenform. Also auch das berühmte Stonehenge ist sinngemäß ein Steinkreis, und zwar einer von der gewaltigen Sorte.

Darüber hinaus gehören auch die weltberühmten „Hinkelsteine" oder Menhire zu den megalithischen Zeitzeugen. Die Errichtung dieser Menhire in Mittel- und Nordeuropa wird der sogenannten Trichterbecherkultur ebenso wie der primär in Westfalen und Hessen verbreiteten Wartberg-Kultur zugeschrieben, wie im Fall vom Riesenstein in Wolfershausen. Aufgrund von steinzeitlichen Funden wurden bei archäologischen Grabungen an seinem Fuß menschliche Knochenreste aus dem Neolithikum entdeckt. Daher datiert man das vermutete Alter des Menhirs auf ungefähr 4.500 Jahre. Dieser beeindruckende Felsen braucht den Vergleich mit seinen Verwandten aus England und Frankreich aber in keinster Weise zu scheuen. Die alten Baumeister haben hier vor Jahrtausenden einen monströsen Hinkelstein aufgestellt, der zu den gewaltigsten seiner Art jenseits von Frankreich zählt.

Der Menhir von Wolfershausen ist ein wahrer Koloss. Seine Maße betragen fast fünf Meter in der Höhe, fünfeinhalb Meter in der Breite und er ist rund einen Meter dick. Sein Gewicht von rund 75 Tonnen macht ihn zu einem echten „Kawenzmann" aus Quarzit. Er wurde im Jahre 1615 erstmalig als „Großer Stein" in den Aufzeichnungen erwähnt.

Auch zum Menhir von Wolfershausen wird die immer wieder im Volksmund zu findende Geschichte des Steinwurfs eines Riesen erzählt. In dieser Version war es der auf dem nahen Lotterberg lebende Riese Lothar, der den Stein dem fliehenden Riesen Kunibert nachschleuderte, der Lothars geliebte Nagate auf den Heiligenberg zu entführen versucht hatte. Der Stein blieb in Lothars

Ärmel hängen und schlug auf einem Feld nördlich der Eder ein. Rätselhaft bleibt der Riesenstein auch ohne solche Sagen. Heute ist der Riesenstein immerhin als Naturdenkmal unter Schutz gestellt.

Extrem starker Wind weht über die Ebene, als ich 2017 zusammen mit meinem Hund Otto, meinem alten und erfahrenen Labrador-Husky-Mix, dem Riesenstein nach langen Jahren wieder einmal einen Besuch abstatte. Meine erste Begegnung mit dem imposanten Menhir war Mitte der 90er Jahre. Als Zentrum einer rituellen Versammlungsstätte aus der Steinzeit gehört der Riesenstein zu einem meiner „Lieblingsmenhire". Nun war ich wieder hier. Ich hatte den Standort des Menhirs wieder sehr schnell lokalisiert, an Ort und Stelle hat sich in den letzten Jahren aber einiges geändert. Ein kleines Wäldchen umfasst den Felsen, aus Richtung Norden führt ein kleiner Waldweg direkt zum Menhir, der nach einer kleinen Kurve unvermittelt vor einem steht. Man fühlt sich angesichts seiner imposanten Größe an abenteuerliche Geschichten erinnert, wenn der Riesenstein wie ein Mahnmal einer untergegangenen Zivilsation einsam seine Wache hält.

Dank der Gemeinde befinden sich auch Bänke zum längeren Verweilen vor Ort. Am Rande des Wäldchens blickt man auf das darunter liegende Feld. Hier, einigermaßen geschützt von den doch recht starken Windböen, kann man den Stein in einer fast schon mystischen Umgebung, umzäunt von Laubbäumen, einer näheren Begutachtung unterziehen.

Plötzlich, ich sitze gerade mit meinem Hund unmittelbar vor dem Stein, höre ich durch den Wind ein leises Säuseln, einem dumpfen Rauschen gleich, das sich ganz wie ein fernes Nebelhorn anhört. Ich werde stutzig, mein Hund spitzt die Ohren. Also hört er es auch und es ist keine Sinnestäuschung. Otto wird unruhig und fängt an, wie ein Wolf zu heulen, was er extrem selten tut. An solchen alten Plätzen aber werden nicht selten seine animalischen Instinkte geweckt. Spürt er die Frequenzen, die Schwingungen aus einer Anderswelt?

Ich höre mich um, das Geräusch kommt eindeutig von dem Stein. Eine Windböe muss den Stein „zufällig" in einem Winkel getroffen haben, dass der Stein eine Resonanz abgibt. Dieser Ton dauert nur einige wenige Sekunden an, als er auch ebenso unvermittelt wieder verstummt, wie er begonnen hatte, just in dem Augenblick, als auch der Wind nachgelassen hatte. Ein seltsames Erlebnis, das mich nachdenklich macht. Noch lange sitze ich mit meinem Hund Otto am Stein, ein zweites Mal hörte ich das Flüstern nicht.

Bild 51: Labrador-Husky Otto wird seltsam unruhig.

2019: ich statte „meinem großen Stein" einen erneuten Besuch ab. Otto war mittlerweile ins Regenbogenland gegangen. Hund Fritz ist nun mein neuer Begleiter, ein junger, quirliger Podenco-Mix. Fritz macht aber keinen auffälligen Eindruck, er ist emsig damit beschäftigt, die Gegend nach Mäuselöchern abzusuchen. Es ist relativ windstill. Das säuselnde Geräusch von damals ist auch nicht da. Braucht es dazu bestimmte Voraussetzungen, um es zu aktivieren?

Haben Menhire eine bestimmte Eigenart, die sie zu Resonanzkörpern machen, wenn der Wind aus ganz bestimmten Richtungen weht? Kann man das heutzutage überhaupt noch nachprüfen, wenn Menhire jahrtausendelang dem Wind und Wetter trotzten? Oft haben sie durch Erosion schon lange nicht mehr ihre ursprüngliche Form, zudem sind viele Steine ortsversetzt worden. Doch dann keimt wieder die Frage auf, die schon so manchen Forscher beschäftigt hat: Standen Menhire mit den Energien der Erde in Verbindung? Und was ist mit den magnetischen Anomalien, die bei alten Steinen gemessen wurden? Welche Kräfte haben einst an diesen Zeugen ferner Vergangenheit gewirkt?

Schlagen wir eine Brücke zu entfernten Verwandten des Wolfershausener Riesensteins. Die theoretische Annahme, die megalithischen Steinbauten könnten eine Art riesige Energieanlage gewesen sein, die Strahlung der Erde umsetzten und verschiedene Funktionen erfüllten, wird vielfach bereits vermutet und näher untersucht. Das könnte beispielsweise durch Schwingungen im Gestein geschehen, ähnlich wie bei einer gigantischen Quarzuhr vielleicht.

Einige Ansätze dazu lieferte bereits das Projekt um die rätselhaften Rollright Stones, ein Komplex von drei benachbarten Monumenten aus der Stein- und Bronzezeit südlich von Long

Campton im englischen Warwickshire. Sie sollen wie die nordeuropäischen Menhire zwischen dem vierten und zweiten Jahrtausend v. Chr. entstanden sein. Die Legende um einen König, der mit seiner Armee von einer Hexe zu Steinen verwandelt wurde, mag kaum auf den wahren Ursprung und Zweck der Anlage hindeuten.

Der Komplex der Rollright Stones besteht aus dem Steinkreis „Kings Men" von 77 Steinen, der etwa 33 Meter Durchmesser hat. Dazu kommen der etwa 50 Meter entfernte, nordöstlich auf der anderen Seite der Straße gelegene höhere Menhir, der so genannte „King Stone", und ein etwa 250 Meter östlich gelegener eingezäunter Dolmenrest mit dem sinnträchtigen Namen „Whispering Knights", also „flüsternde Steine".

Im Jahr 1977 gründete der Autor und Dozent Paul Devereux gemeinsam mit einer Gruppe weiterer Forscher das „DragonProject". Ursprünglich wurde das Forschungsprojekt ins Leben gerufen, um die angebliche Existenz ungewöhnlicher Kräfte und Energien an prähistorischen Kultstätten zu untersuchen. In jener Phase, von 1977 bis 1990, war der Rollright-Steinkreis nahe Oxford als Forschungsobjekt auserkoren. Der Name des Dragon Projects leitet sich von einem Bild aus dem chinesischen Feng-Shui ab.

Im Rahmen physikalischer Untersuchungen wurden vor Ort zwei Arten von magnetischen Anomalien an Steinen mancher prähistorischen Anlagen entdeckt, und zwar eine ortsgebundene magnetische Anomalie und eine temporäre, fluktuierende magnetische Aktivität. Erstere war leicht festzustellen, da Kompassnadeln in der Nähe eines derart magnetisch wirksamen Steins abgelenkt werden. Dies ist nichts Geheimnisvolles: Solche Anomalien treten auf, weil der Eisenanteil bestimmter Gesteine eine feste magnetische Orientierung besitzt, die in ferner geologischer Vergangenheit festgelegt wurde, als die Linien des Erdmagnetfelds gegenüber

Bild 52: Erneuter Besuch des Riesensteins in 2019.

dem heutigen Norden in einem anderen Winkel verliefen. Besonders interessant ist jedoch, dass sich diese magnetisch auffälligen Steine typischerweise in Schlüsselpositionen befanden, beispielsweise in einer Haupthimmelsrichtung eines Steinkreises oder als Stein, der „aus der Reihe tanzt".

Es stellte sich auch heraus, dass manche als Kultstätten genutzte Naturplätze ebenfalls magnetische Anomalien aufweisen. Unabhängige Forschungen des Ingenieurs Charles Brooker bestätigten 1980 diese Fluktuationen auch für den Rollright-Steinkreis.

Ihre Ursache wurde allerdings bisher nicht enträtselt. Die Tatsache, dass an manchen Orten magnetische Anomalien feststellbar sind, beweist nicht, dass solche Plätze von Menschen der Vorzeit bewusst genutzt wurden, doch sie lässt dies möglich erscheinen. Aber wenn ja, wie sollten die Menschen jener Zeit den Magnetismus ohne entsprechende Messinstrumente festgestellt haben? Woher hatten unsere Altvorderen das Wissen um diese Anomalien und insbesondere ihre Wirkung auf den menschlichen Organismsus? Tatsächlich reagiert das menschliche Gehirn erstaunlich sensibel auf kleinste magnetische Feldveränderungen. Seine magnetisch empfindlichsten Bereiche sind die Temporallappen, in denen Erinnerung, Gefühle und das Träumen verankert sind. Dies wurde unter anderen von Professor Michael Persinger (1945-2018) von der Laurentian University in Ontario, Kanada, experimentell untersucht, indem er schwache Magnetfelder ähnlich jenen an den heiligen Stätten einsetzte. Eines seiner Geräte ist ein Spezialhelm, der komplexe computergesteuerte, pulsierende Magnetfeldmuster tief in den Temporalcortex sendet. Es brachte Versuchspersonen dazu, mit geschlossenen Augen eigenartige visuelle Muster zu sehen, lebendige, detaillierte Kindheitserinnerungen nachzuerleben und die Gegenwart von unheimlichen, mächtigen Wesenheiten zu spüren. Es ist möglich, dass Menschen in prähistorischer Zeit aus solchen Effekten empirisch lernten, dass solche Gesteine trance-ähnliche Zustände hervorrufen konnten.

Im Jahr 2014 führte ein Forschungsprojekt, das ebenfalls von Paul Devereux geleitet wurde, zum Ergebnis, dass es sich bei den Blausteinen in Stonehenge um Resonanzsteine handelt, die wie ein riesiges prähistorisches Glockenspiel funktionieren. Auch beobachtete er, dass Steinhaufen auf verschiedenen Grabstätten bei 111 Hertz schwingen, eine Frequenz, die schon Pythagoras als heilige Resonanz bezeichnet haben soll. Interessanterweise schwingt die Struktur des Hypogäums von Hal-Saflieni auf Malta ebenfalls bei 111 Hertz. MRT-Untersuchungen zufolge schaltet diese Frequenz den präfrontalen Kortex des Gehirns aus, was zu einer Art Trance oder Meditationsebene führen soll, sich mit dem Universum oder einer schöpferischen Kraft zu verbinden. Untersuchungen durch den amerikanischen Plasmaphysiker Professor Robert Jahn (1930-2017) zum akustischen Verhalten an Megalithstandorten in Großbritannien zeigten zudem, dass die Steinbauten eine Schallfrequenz zwischen 95 und 120 Hertz aufweisen.

Mit diesen modernen Sensortechnologien könnte man den Zweck dieser Bauwerke erfassen und entschlüsseln. Fragestellungen könnten so beantwortet werden, für was dieser Bau beispielsweise verwendet wurde, welche Infrastruktur nötig war oder warum dieser Standort ausgewählt wurde. Es gibt Hinweise, dass viele Pyramiden, Tempel und Gebäudekomplexe entworfen und gebaut wurden, um die natürliche Energie der Erde, wie beispielsweise elektromagnetische Frequenzen zu transformieren.

Wie eingangs im Buch erwähnt, zeigten die Autoren John Burke und Kaj Halberg in ihrem Sachbuch *Seed of Knowledge, Stones of Plenty* anschaulich, dass natürlich vorkommende Erdenergien nicht nur den frühgeschichtlichen Tempel-Erbauern zahlreicher Kulturen bekannt waren, sondern von diesen auch auf vielfältige Weise genutzt wurden. Während der umfangreichen Forschung führte Burke auch eine Reihe von landwirtschaftlichen Experimenten durch und stellte fest, dass die Samen, die an solchen Standorten platziert wurden, eine schnellere Reife durchliefen und sich verbesserte Ernteerträge ergaben.

Burke war sogar in der Lage, mit einem Magnetometer und elektrostatischen Voltmeter die pulsierende Strömung von unsichtbaren Energiefeldern in den Mauern zu messen. Diese Messungen wurden an verschiedenen antiken Stätten wie Carnac, Avebury, Stonehenge sowie diversen amerikanischen Hügeln und mesoamerikanischen Pyramiden durchgeführt. Die Ergebnisse zeigen klar und überzeugend, dass diese antiken Stätten Orte sind, an denen subtile Energien von der Erde ausgehen. Viele prähistorische Zivilisationen haben sich offenbar mit Technologien entwickelt, die natürlich vorkommende Energien, Schwerkraftfelder und Emissionen der Erde genutzt haben. Die heutige Wissenschaft wäre gut beraten, diese Energien zu kanalisieren und neu zu entdecken, welche unser Verständnis vom Umgang mit der Natur und Umwelt vielleicht grundlegend verändern würden.

Für die weitere Ausführung solcher Forschungsvorhaben wird es nötig sein, weitere Fachleute auf dem Gebiet der Festkörperphysik, Radiotechnik und Geologie zur Teilnahme heranzuziehen, um mehr Licht in das Dunkel unserer Vorzeit zu bekommen. So bleiben die wahren Rätsel der Vergangenheit auch weiterhin ungelöst.

Infos

▶ Den Riesenstein erreicht man über die A49, Abfahrt Gudensberg, weiter auf der B254, über Haldorf, Wolfershausen. Die Plus Code Koordinaten zum Riesenstein von Wolfershausen: 5CVV+2M Felsberg.

Wichtel, Märchen und rätselhafte Felsen:
Seltsame Einflüsse auf dem Dörnberg

Erkundung am Dörnberg: Unangenehme Bekanntschaft mit einem der zahlreichen Kuhfladen gemacht, knapp einem Regenguss entkommen, unser Hund bekommt seltsame Anwandlungen und wird fast zum Wolf.

Für Mystery-Begeisterte ist der Dörnberg nahe dem hessischen Zierenberg ein Geheimtipp. Bei einem meiner Exkursionen zum Dörnberg und dem Aufstieg zu den Helfensteinen, um von dort aus auch einen Blick auf das Dörnbergmassiv zu bekommen, war neben meiner Frau auch Hund Otto dabei. Das Dörnbergmassiv ist Teil des 474,28 Quadratkilometer großen Naturparks Habichtswald, dessen Nordgrenze über die Nordflanke des Massivs verläuft. Der Hohe Dörnberg ist ein Basalt- und Tuffsteinberg und der Basalt ist ein Limburgit des basaltoiden Trachydolerits. Den Mantel des Berges bildeten gewaltige Tuffsteinmassen, in die das eruptive basaltische Magma eindrang, das aber nur zu einem geringen Teil an die Oberfläche trat. Ein Muschelkalkrücken mit hellgrauen Gesteinstrümmern befindet sich am nordwestlichen und nördlichen Rand. Der Großteil des restlichen Dörnbergmassivs besteht aus Kalkstein. Zum Dörnbergmassiv gehören mit Entfernung zum Hohen Dörnberg einige interessante Bergkuppen.

Zunächst ist das der Hohe Dörnberg (578,7 Meter), er wird von einem rund ein Kilometer langen, dreiecksförmigem Ringwall umgeben. Die Helfensteine (509,8 Meter) liegen knapp ein Kilometer nördlich. Der Kleine Dörnberg (Zierenberger Kuppe; 481,6 Meter) befindet sich 1,7 Kilometer nordwestlich und ist eine unbewaldete Basaltkuppe südlich vom Gebirgspass am Galgenberg. Der Hohlestein (auf 476,6 Meter Höhe) rund 1,2 Kilometer ostsüdöstlich ist eine alte Kult- und Opferstätte und nahe dem Hohlestein liegt auch der Katzenstein mit 430 Metern Höhe. Schließlich wäre noch der Hangarstein (418,5 Meter) in rund 2,3 Kilometern nordöstlich als bewaldete Kuppe mit Hangarsteinsee erwähnenswert.

Bild 53: Die Helfensteine auf dem Dörnberg.

An einigen Stellen dieser Region sind deutlich Bearbeitungs-spuren durch Menschenhand zu erkennen. Speziell der Hohe Dörn-berg war nachweislich bereits im dritten Jahrtausend v. Chr. besie-delt. Eine besonders langanhaltende Besiedlung ist in der Eisenzeit nachzuweisen. 1920 wurden in der Umgebung einige gut erhaltene Pfeilspitzen aus weißem Flint gefunden. Darüber hinaus wurde ein spitznackiges Steinbeil mit angefangener Durchbohrung bei der westlich des Hohen Dörnbergs gelegenen Kolonie Friedrichstein (1777 angelegt) entdeckt. 1910 wurden bei Rodearbeiten einige

Scherben und ein Lanzenschuh aus dem 11. Jahrhundert gefunden. Auf dem wenig bewaldeten Gipfelplateau des Hohen Dörnbergs ist noch deutlich die Struktur eines etwa über einen Kilometer langen, fast dreiecksförmigen Ringwalls zu erkennen. Sein Alter ist nicht zweifelsfrei geklärt, vermutlich stammt er aus der Jungsteinzeit. Rund um die Basaltgruppe Helfenstein sind ebenfalls Bodenspuren unklaren Alters vorhanden. Dort wurden Keramikscherben aus der Späthallstattzeit (6. Jahrhundert v. Chr.) gefunden. Südlich davon befindet sich die Basaltformation Immelburg, wo ein Steinwall entdeckt wurde, der auf vorchristliche Besiedlung schließen lässt. Im zwischen Hohem und Kleinem Dörnberg gelegenen Tal des Heilerbachs befand sich im 13. und 14. Jahrhundert die Burg Blumenstein. Sie stand auf einem kahlen Basaltfelsen, Wichtelkirche genannt, weil der Fels einer Kirche ähnelt. Auch die Helfensteine sind ein Besuch wert. Es handelt sich um markante und weithin einsehbare Basaltfelsen des Jungtertiärs, teilweise mit recht schönen Basaltsäulen. Das Naturdenkmal Hohlestein, ein markanter Basaltkegel mit Basaltblockschuttflächen, ist bekannt wegen dem „Gipfelloch", eine vorzeitliche Ausformung von etwa zwei mal zwei Meter und einer Tiefe von etwas mehr als ein Meter.

Es geht mühsam voran Richtung Gipfel, der Weg wird mit jedem Meter steiler und der Hund scheinbar immer nervöser. Wesentlich mehr aufgeregt als beim üblichen Mäusejagen wetzt Otto im Zickzack-Kurs über das Feld. So aufgeregt hatten wir ihn wie gesagt selten erlebt. Nun gleicht er mehr und mehr einem Wolf, der seinen Trieben, seinem Jagdinstinkt und seinen animalischen Ursprüngen folgt. Bei Verschnaufpausen „heult" der Hund fast schon wie seine wilden Verwandten. Die Hälfte des Weges wird extrem steil, hier sind die Vulkanfelsen so zerklüftet, dass die Tritte jeden Schritt zu einem Abenteuer machen. Frau und Hund bleiben hier und machen Siesta. Ich ziehe allein weiter.

Oben angelangt, bietet sich ein wahrlich prächtiger Ausblick auf das Umland. Auch in Richtung der erwähnten Wichtelkirche zeigt sich ein schöner Weitblick. In der engen Schlucht zwischen dem Dörnberg und dem Kessel, in unmittelbarer Nähe der Quelle des Heilerbaches, erhebt sich dieser mächtige, wunderbar geformte Basaltblock. Das steile Felsengebilde besitzt eine nur von Norden her durch einen schmalen Pfad zugängige Plattform. Auf dieser stand die kleine Burg Blumenstein. Nach Norden war die Burg durch Wall und Graben gegen feindliche Angriffe gesichert. Erwähnungen gehen bis in das Jahr 1213 zurück und enden um 1611. Von der Burg Blumenstein wird die Sage von der Zierenberger Wichtelkirche erzählt:

Bild 54: Erneut animalische Instinkte bei Otto..

An der Nordwestseite des Dörnbergs erhebt sich der Blumenstein, ein kahler Basaltfelsen, der die Gestalt einer kleinen Kirche
hat und daher vom Volke „Wichtelkirche" genannt wird. Im Scho-
ße des Berges wohnte hier einst ein Wichtelkönig mit zahlreichen
Wichteln. Eines Tages gewahrte der Fürst der Gnomen am Abhang
des Berges eine liebliche Jungfrau. Oft ging er nun seitdem zu
diesem Ort in der Hoffnung, das holde Mädchen wieder einmal
zu erblicken. Und sein Herzenswunsch ging in Erfüllung. Eines
Abends erschien das Mädchen auf der Bergeshalde, um Blumen
zu pflücken.

Nach einer Weile legte sich Gotelind zu kurzer Ruhe in das
kühle Gras nieder und schlummerte ein. In Gestalt eines Menschen
näherte sich der Wichtelkönig der geliebten Jungfrau, setzte sich
ihr zur Seite und küsste sie beim Erwachen inniglich. Er gestand
Gotelind seine Liebe und dass er der König der Wichtel sei, ver-
sprach ihr viel Gold und Silber und eine diamantene Krone, wenn
sie die Seine werden wolle. Doch bei allem versprochenen Reichtum und aller Pracht lehnte Gotelind das Begehren seines heidnischen Glaubens wegen ab. „Wenn nur das der Grund Deiner Ab-
lehnung ist", sagte der Wichtelkönig, „so soll ein Priester uns den
Segen in einem Kirchlein sprechen". Daraufhin willigte das Mädchen ein. Ort und Stunde der Vermählung wurden festgesetzt. Die
verabredete Johannisnacht kam herbei. Der Vollmond ergoss sein
Silberlicht über die Blumenpracht der herrlichen Landschaft und
beim Quell des Heilerbaches über ein prunkvolles Kirchlein, das
der Wichtelkönig von seinem Zwergenvölklein zur Hochzeit eilig
hatte errichten lassen. Sein Inneres strahlte vom Glanz der Lichter,
und süße Melodien ertönten aus ihr über Feld und Wald. Im feierlichen Zug trat das Paar in die Kapelle. Trotz aller Pracht war das
Herz des Mädchens mit Angst und Scheu erfüllt, denn alles schien
ihm kalt und seelenlos. Und als die Jungfrau auf des Priesters
Aufforderung ihr feierliches Ja-Wort geben sollte, da stöhnte sie:

„Nein!" Im selben Augenblick erfüllte furchtbarer Donnerschlag das Kirchlein, Blitze zuckten, die Lichter erloschen, alle Pracht war verschwunden, und da, wo noch eben die Kirche in leuchtendem Kristall zur Hochzeitsfeier festlich geschmückt stand, erhob sich ein Felsen starr und kahl in Gestalt einer Kirche, der heutigen Wichtelkirche. Am Himmelszelt funkelten die Sterne wie ehedem, der Mond wandelte langsam seine Bahn in der Stille der Johannisnacht und ließ Berg und Tal mit der neuerstandenen Wichtelkirche im Glanze seines Silberlichtes erstrahlen. Leise sich wiegend leuchteten traumversunken im weiten Rund der Bergeshalde die weißen Sterne der Johannisblumen und erfüllten die Zaubernacht mit ihrem Duft. Innerlich befreit kehrte Gotelind beim Erwachen der Morgenröte zu den Ihren ins Tal zurück.

Ich treffe später beim Abstieg meine Frau und unseren Hund wieder, der zumindest ein wenig ruhiger wirkt. Auch als wir den Dörnberg verlassen und etwas weiter weg sind, wird Otto immer entspannter.

Welche seltsamen Kräfte mochten hier am Werk gewesen sein, die unser Hund mit seinen ausgeprägten Sinnen wahrnahm? Messungen mit professionellem Gerät wären hier angebracht, um etwaige Strahlen nachzuweisen oder um festzustellen, ob und woher diese rätselhaften Energien kamen. Um weitere Eindrücke zur Zauberwelt Dörnberg zu bekommen, bin ich kurze Zeit später mit einigen Freunden abermals zum Dörnberg gefahren, um mir auch eventuell unterschiedliche Meinungen einzuholen über diese Region und wie sie auf Mensch und Tier wirkt. Weitere Untersuchungen diesbezüglich stehen jedenfalls noch aus.

Auf der Anhöhe sollen sehr sensible Menschen eine recht kraftvolle Erdenergie spüren und Leylines sollen aus fünf verschiedenen Richtungen kommen und sich in der Mitte zwischen den

Felsen bündeln. Es gibt auch innerhalb der Felsen einige sehr intensive Bereiche, wenn man sich ein wenig darauf konzentriert. Spürte unser Hund diese Energien bereits beim Aufstieg, noch bevor wir etwas davon merkten?

Auch der Teufel persönlich treibt nach altem Volksglauben rund um den Dörnberg sein Unwesen, vom Hohen Dörnberg über die mystischen Helfensteine bis in die grasige Hochebene des Kleinen Dörnbergs soll er wüten.

Man kann auch im wahrsten Sinne des Wortes „den Teufel an die Wand malen", wie es in der Kirche zu Dörnberg geschehen und bis heute ersichtlich ist. Der Beelzebub soll am Dörnbergmassiv schon so manchem Wanderer begegnet sein.

Hier war man gut beraten, Fersengeld zu geben und sich das markerschütternde Lachen lieber aus der Ferne anzuhören, denn gern hortete der Teufel die Seelen der Menschen und sperrte diese in die unzugänglichen Felskammern bei den Helfensteinen ein, aber auch in den nahegelegenen Schreckenberg, der seinen unrühmlichen Namen wohl nicht von ungefähr hat. In der nahegelegenen Zierenberger Kirche finden sich demzufolge auch gruselige Bilder vom Teufel und anderen Kreaturen, wie er die Seelen der Verdammten in Schubkarren in den Höllenrachen befördert.

Der teuflische Einfluss soll sich noch bis heute bewahren. Von alteingesessenen Familien soll in der Weihnachtszeit der fünfzackige Weihnachtsstern traditionellerweise so angebracht werden, dass die Spitze des Pentagramms nach unten zeigt. Hier muss sich also etwas Teuflisches abgespielt haben, wenn das umgedrehte Pentagramm als Satanssymbol das Fest der Liebe überstrahlt.

Bild 55: Welche Energien wirken bei den Helfensteinen?

Ein weiteres, tiefgründiges Geheimnis scheint die „Echse vom Elfenberg" zu besitzen, ein seltsam geformter Basaltklumpen, Auswürfe ehemaliger Schlote, die mit dem Erdinneren verbunden sind. Die Echse sitzt wie ein Torwächter gen Süden blickend, ein Auge auf den Dörnberg gerichtet, das andere weit über Kassel hinweg. Manch einer will vom Dörnberg kommend schon eine Sphinx in diesem Gebilde erkannt haben und da dies schon öfter vorgekommen sein muss, hat man diese Basaltformation der Helfensteine nun offiziell Steingesicht oder Sphinx genannt. Hört man die Echse manchmal sogar zischen, wenn man genau lauscht? Ist da nicht ein schwer atmendes Geräusch oder gar ein Knarren? Bevor ich ein Zwiegespräch mit der Echse beginne, beschließe ich, mich nicht weiter meinen Wachträumen hinzugeben.

Seltsame Begegnungen hatten auch schon andere, lange vor uns in vergangenen Zeiten, so weiß auch ein Märchen mit dem Titel „Der Schatz im Krambühl" davon zu berichten:

Zwischen Zierenberg und dem Dörnberg liegt ein kahler Hügel, der Krambühl genannt. Als der Schafhirt von Zierenberg eines Abends seine Wohnung verließ, um die Nacht bei seiner Herde zuzubringen, gewahrte er plötzlich in der Nähe des Krambühls einer Frau, die ihm winkte, zu ihr herüber zu kommen. Schweigend deutete die Frau auf den Hügel. Der Schäfer verstand den Wink, nahm seine Schippe und fing an, den Boden umzugraben. Es dauerte nicht lange, und er hatte einen Kessel voller Goldstücke freigelegt. Groß war seine Freude, als ihm die Frau zu verstehen gab, dass er den Kessel samt Goldstücken mitnehmen und behalten könne. Der Kessel war jedoch so schwer, dass er ihn nicht allein heben konnte. Schon wollte er entmutigt die Arme sinken lassen, da raffte er noch einmal zu einem letzten Versuch all seine Kräfte zusammen und hob den Kessel von der Stelle. Wegen der großen Anstrengung glitt ihm aber ein ächzendes „Hilf Gott" über die Lippen, und schon stand er allein im Abenddunkel: Kessel, Grube und Frau waren verschwunden. Später hat er oft mit der Hacke den Boden aufgewühlt, aber nie fand er wieder die Spur von dem Kessel.

Welche mysteriöse Begegnung ist dem Schäfer wohl widerfahren? Hat das auch nur entfernt mit dem Märchen der „weißen Frau" zu tun, das sich auch unweit dieser Gegend erzählt wird? Hier hatte ebenfalls ein Schäfer eine höchst seltsame Begegnung:

Auf dem Schartenberg liegt die Ruine der Schartenburg. Nur der Turm ist noch erhalten, doch ist an Mauerresten, Gräben und Wällen im Wald die einstige Größe dieser Doppelburg noch gut zu erahnen. Vor langer Zeit, als die Burg schon nicht mehr bewohnt war und zu zerfallen begann, lagerte an einem Frühlingsmorgen ein Schäfer mit seiner Herde am Hang unterhalb der Burg. Er war unverschuldet in Armut geraten und dachte nun traurig über sein Schicksal nach, als plötzlich eine weiß gekleidete Jungfrau vor ihm erschien. Sie sagte: „Geh mit mir in den Berg, dort erwarten Dich große Reichtümer. Zuvor musst Du aber eine schöne Blume brechen. Diese sollst Du mit in den Berg nehmen und nicht loslassen, denn sie ist das Wertvollste."

Der Schafhirte tat, wie ihm die Jungfrau geheißen. Er pflückte eine kleine Blume, die er vorher noch gar nicht bemerkt hatte und folgte der Jungfrau in den Berg, der sich vor ihnen auftat. Da lagen Berge von Gold vor ihm. Die Jungfrau sagte, er dürfe davon nehmen, soviel er wolle. Der Schäfer stopfte sich die Taschen mit Gold voll.

Vor lauter Freude über den unverhofften Reichtum dachte er aber nicht mehr an die Anweisung der weißen Frau. Er vergaß das Blümlein und trat mit seinen Schätzen aus dem Berg heraus. Da schloss sich mit einem Krachen der Berg. Jungfrau und Gold waren verschwunden und er war wieder nichts als ein armer Schäfer. Wer aber gut aufpasst, kann vielleicht an einem schönen Frühlingstag das kleine Blümchen finden …

Das Phänomen einer seltsamen Blume und sagenhaften Schätzen im Inneren eines Berges ist in der Märchen- und Sagenwelt keine Seltenheit, diese Erzählungen lassen sich vielerorts auf ähnliche Weise mit analogen Inhalten finden. Welche fremde Dimension wurde den damaligen Augenzeugen gewahr, als sie ungewöhnlichen Wesen vermeintlich in das Innere eines Berges folgten? Bricht hier das Verständnis von der Realität von Zeit und Raum? Etwas anderes ist am Dörnberg ebenfalls schon fast seltsam: Als wir den Berg erklimmen und dort verweilen, ist meilenweit keine Kuh zu sehen, aber als wir hiernach am Fuße im naheliegenden

Café sitzen, stehen „plötzlich" jede Menge Kühe auf der Weide, als ob sie schon die ganze Zeit da gewesen wären. Das aber möchte ich keineswegs als Beleg dafür nehmen, dass sich der Berg öffnete und die Kühe irgendwo hervorkamen. Möglicherweise haben wir nur nicht genug aufgepasst, woher die Kühe kamen. Zumindest würde der berühmte Wilhelm von Ockham (1287-1347) so argumentieren, nachdem die einfachste Erklärung meist die Wahrscheinlichste ist ...

Infos

▶ Seit 2007 befindet sich auf dem weitläufigen Gelände ein Seminar- und Veranstaltungszentrum, das Zentrum Helfensteine mit dem Restaurant Café Eden. Im Jahre 2009 eröffnete in einem der Gebäude das Besucher- und Informationszentrum Naturparkzentrum Habichtswald.

▶ Adresse: Auf dem Dörnberg 13 in Zierenberg. Das Café Eden befindet sich am Fuße der Helfensteine. Plus Code Koordinaten der Helfensteine: *986X+HF Zierenberg.*

Frau Holle:
Auf den Spuren der Muttergottheit

Existierte vor vielen Jahrtausenden bei den uralten Kulturen auch ein Matriarchart? Die Überlieferungen über eine ganz besondere Muttergottheit sprechen da offenbar eine deutliche Sprache. Es handelt sich um die bekannte Märchengestalt Frau Holle. Dabei steckt hinter dieser Gestalt womöglich mehr, als man zunächst vermuten würde.

Auf die überall in Mitteleuropa bekannte Sagengestalt Frau Holle wurden schon die Brüder Grimm (Jacob 1785-1863 und Wilhelm 1786-1859) aufmerksam und verewigten sie in ihren erstmals 1812 und 1814 herausgegebenen Bänden der „Kinder- und Hausmärchen". In einem Handexemplar der ersten Ausgabe gab es eine Notiz von Wilhelm Grimm: „Dörtchen, 29. September 1811, im Garten". Dies ist ein Hinweis auf die Märchenerzählerin Dorothea Viehmann (1755-1815), die ihm das Märchen von Frau Holle erzählte.

Dabei sind die Sagen und Märchen um Frau Holle stellvertretend für zahlreiche Erzählungen über Portale und Zugänge zu phantastischen Welten. Überregional bekannt ist hierbei der Hohe Meißner als eventuelle Heimat des Märchens. Der Berg liegt nahe der Kleinstadt Hessisch Lichtenau im nordhessischen Werra-Meißner-Kreis. An seiner Ostflanke, am Frau-Holle-Pfad, liegt der Frau-Holle-Teich, ein unter Naturschutz stehendes Stillgewässer auf dem Bergmassiv. Das Gewässer ist umgeben von einem mystischen Wald und wird von einem steinernen Wall umrahmt. Am Südufer begegnet man einer barbusigen Frau-Holle-Statue aus Holz, die von dem Künstler Viktor Donhauser 2004 geschaffen wurde. Obwohl es wegen dieser Schönheit und ob ihrer Kurven sogar zu Streitigkeiten in der ansässigen Bevölkerung kam, ist es genau diese Darstellung, wie die Märchenfigur Frau Holle in den ganz alten Sagen zumeist beschrieben wird.

Bild 56: Die Frau-Holle-Statue am Frau-Holle-Teich auf dem Meißner.

Der Frau-Holle-Teich soll jenen lokalen Sagen zufolge boden-los und der Eingang in Frau Holles Anderswelt sein. Hier soll sich ein silbernes Schloss mit Garten und vielen Blumen sowie Obst und Gemüse befinden, die sie freigiebig vor allem an Frauen und Mädchen verschenkt. Dabei soll sich ihr Reich „von dem Harzge-birge bis an die Mosel, vom Ungarland über die Alpen bis an die Ostsee und weiterhin um die ganze Erde" erstrecken. Nach einer Sage soll ein Bergmann versucht haben, die Tiefe des „Hollen-teichs" zu messen. Das hierzu verwendete Senkblei soll den Grund nach 65 Lachtern noch nicht erreicht haben, was einer Tiefe von rund 104 bis 156 Metern entsprechen würde. Über die reale Tiefe ist man sich bis heute allerdings uneinig. Mal waren es rund zweieinhalb Meter, ein anderes Mal hatte man neun Meter Tiefe gemessen. Ob Frau Holle hier ihren Schabernack treibt?

Der Frau-Holle-Teich als Portal zu Frau Holles unterirdischem Reich ist eigentlicher Schauplatz für das Märchen von Goldmarie und Pechmarie. Doch hinter dieser seltsamen Unterwelt steckt wohl weitaus mehr, denn Frau Holle soll auch eine vorchristliche Muttergottheit gewesen sein. Schon im Frau-Holle-Märchen und seinen Ursprüngen finden sich vorzeitliche Elemente, wie die Parabel, im Einklang mit der Natur zu leben. So werden die Mädchen einerseits in hauswirtschaftlicher Kunst unterrichtet, wie Kühe melken oder Äpfel pflücken und das Brot aus dem Ofen holen. Andererseits werden magisch-schamanische Dinge gelehrt, wie das Schnee machen oder durch die Lüfte fahren.

Bild 57: Eingang der Hohlstein Höhle. Ein vorzeitlicher Kultplatz, an dem die Erdgöttin verehrt wurde.

Auch die nahegelegene Hohlstein-Höhle war einst ein vorzeitlicher Kultplatz, an dem die Erdgöttin verehrt wurde. Junge Ehefrauen badeten im Höhlenteich in der Mainacht oder am Weihnachtsabend, wenn sie sich ein Kind wünschten. Mädchen erhofften sich von Frau Holle die Erfüllung ihrer Wünsche, indem sie Blumen auf einen Opferstein legten.

Unweit des Frau-Holle-Teichs stehen direkt im Ort Hollstein südöstlich von Hessisch Lichtenau drei Steine in einer Reihe. Diese sogenannten „Hollsteine" oder „Frau-Hollen-Steine" sind zwischen drei und fünf Meter hoch und bis heute ist nicht bekannt, ob sie einen alten Kultplatz für Frau Holle darstellen oder im Zusammenhang mit den „Hollen" stehen. Hierbei handelt es sich um kleine Erdgeister, die andernorts Wichtelmännchen genannt werden, die in Lohn und Brot der Frau Holle standen. Den Erzählungen in der Sagenwelt nach soll Frau Holle Steine in ihrem Schuh gehabt haben und sie hier ausgeschüttet haben. Fellnase Fritz ist bei unserem Besuch begeistert von den Felsen, wirkt ausgeglichen und neugierig, fast schon interessiert inspiziert er die einzelnen Felsen.

Gute 20 Autominuten von den Hollsteinen liegt der Abteröder Bär nahe dem gleichlautenden Ort Meißner-Abterode, von Frau Holle einst an seinen heutigen Standort verfrachtet. Fast majestätisch thront er auf einer Anhöhe, friedlich grasen Pferde davor auf der Weide. Der Ort lädt ein zum Innehalten und zum Verweilen. Der Kalkstein-Felsen soll ebenfalls eine vorchristliche Kultstätte gewesen sein. Nach heutigen Erkenntnissen war die Anhöhe, wo der Abteröder Bär steht, eine Kultstätte aus heidnischer Zeit, an der das Brauchtum des Osterfeuers zelebriert wurde, auch zu Ehren von Frau Holle. Nach einer anderen Erzählung wurden zwei Riesen, die nach dem Tod nicht getrennt sein wollten, von Frau Holle in eine Linde und einen Felsblock verwandelt.

Hohlstein-Höhle, Hollsteine und Abteröder Bär: Diese Orte scheinen im direkten Zusammenhang mit Frau Holle zu stehen und wie der Frau-Holle-Teich waren sie offenbar Schauplatz für die Verehrung einer Muttergottheit.

In den alten Sagen erzählt man sich auch, wie sich Frau Holle mittags als junge schöne Frau in der Mitte des Frau-Holle-Teichs badend zeigt. Sie soll auch ab und zu Reisende oder Jäger verführt oder mit ihnen Schabernack getrieben haben: „Oft soll es noch vorkommen, dass dem Wanderer dort eine hohe weiße Frau erscheint. Sie trägt ein mächtiges Schlüsselbund und schreitet stumm neben dem Wanderer her, bis sie in der Kitzkammer verschwindet. Ein Schäferjunge aus Hausen sah sie so, und sie wollte ihm einen goldenen Schlüssel geben, damit konnte er ihr unterirdisches Reich erschließen. Aber den Knaben packte die Angst, und er jagte nach Hause."

Mit der Christianisierung wurde die im Volksglauben der Region stark verankerte heidnische Göttin Holle mehr und mehr verdrängt und zum Dämon erklärt. Frau Holle ist im deutschen Sprachraum jedoch unter vielen Namen bekannt. Im mitteldeutschen Hessen und Thüringen wird sie Frau Holle genannt, doch in Oberdeutschland nennt man sie Perchta, die Prächtige. In Berlin ist sie als Frau Fricke, in der wendischen Spree-Region als Murawa und im Harz als Frau Haule bekannt. Im Rheinfränkischen heißt sie Holla, im obersächsischen Sprachraum Frau Helle oder Frau Holt und sogar bei den Friesen ist sie als Ver Helle bekannt. In alten Überlieferungen wird sie als Mutter Holla bezeichnet, als altgermanische Erdmutter Hludana, als Hertha oder als die Weiße Frau. Die Weiße Frau ist eine sagenhafte Gestalt, die als Erdenmutter Hulda bekannt war, unter dem Wasser lebt, Leben spendet und so Bestandteil der nordischen Mythologie geworden ist. In Sagen weist sie oft demjenigen, dem sie erscheint, den Weg zu unterirdischen Schätzen.

Frau Holle ist auch älter, als man glauben mag. Einige Abhandlungen sehen Bezüge zur Freya, der Hauptgöttin der Asen, oder zu Frigga, der Gemahlin des germanischen Göttervaters Odin. Auch die griechische Muttergöttin Artemis ähnelt ihr in der Wesensgleichheit. Der Historiker Dr. Karl Kollmann aus Eschwege fand im Werraland gar gemeinsame Ursprünge von Holda und der Göttin Diana. Diana war in altitalienischen und römischen Traditionen die Herrin des vegetativen Lebens und Beschützerin der Frauen. Bereits der dominikanische Prior Johannes Herolt aus Nürnberg (1380-1468) konnte in seinem „sermones de tempore" aus dem Jahr 1466 die Gleichsetzung der Holle mit der Göttin Diana belegen.

Bild 59+60: Der Abteröder Bär oder Todstein ist eine vorzeitliche Kultstätte für die Muttergöttin.

Als in Eschwege-Niederhone drei silberne Zierscheiben eines Pferdegeschirrs aus einer Grabkammer der Merowingerzeit (um fünftes Jahrhundert) entdeckt wurden, schien sich diese Annahme zu bestätigen. Eine der Scheiben, die heute im Landesmuseum Kassel ausgestellt ist, zeigt eine Frau mit einem Bogen, die von Löwen flankiert ist. Für Dr. Kollmann ein deutlicher Hinweis, dass nahe am Berg der Frau Holle eine Abbildung der Göttin Diana gefunden wurde. Auch ähnelt die Darstellung der persisch-iranischen Göttin Anahita, die wie Holda und Diana Wasser und Leben spendet.

Auch bei den Geschichten über die Kitzkammer ist oft von der hohen Weißen Frau oder von Frau Holle die Rede. Die sogenannte Kitzkammer auf dem Hohen Meißner bei Hausen liegt unweit des Teiches und ist ein im Basalt erstarrter Lavaschlot. Das gern erzählte Märchen zur Kitzkammer entstammt dem Buch „Ein hessisches Volksmährchen vom Meißnerberge" vom Kasseler Gymnasialprofessor Karl Christoph Schmieder (1778-1858) aus dem Jahre 1819. Demnach verwandelte Frau Holle zänkische Mädchen in Katzen und sperrte sie in der Kitzkammerhöhle ein. Der Name stammt möglicherweise von „Kitz" oder „Kiez" ab, also leitet sich weniger von modernen Bezeichnungen wie „Kitty-Kätzchen" oder unseren Hauskatzen ab, sondern von Käutzchen. Käuze wie der Waldkauz halten sich nämlich gerne in Höhlen auf.

Wieder mal in Begleitung von meinem Vierbeiner Fritz statte ich dem Frau-Holle-Teich im Sommer 2021 einen erneuten Besuch ab. Für Wanderer und Suchende ist er ein gern angesteuertes Ziel. Am nahegelegenen Waldparkplatz campieren einige Freigeister und geben eine leise Trommel-Symphonie zum Besten. Fritz ist an diesem Ort auffällig ruhig, obschon er sonst sehr sensibel auf fremde Eindrücke reagiert. Es ist ein besinnlicher und schöner Ort. Erstmals schriftlich erwähnt wurde der Teich als „Frau-Hollen-Bad" im Jahre 1641. Selbstredend ist dieses Gewässer weitaus älter, denn am Frau-Holle-Teich wurden Golddukaten aus der Zeit des Kaisers Domitian (81-96 n. Chr.) gefunden. Ebenso wurden auch Feuersteingeräte aus der Steinzeit am Teich entdeckt. Landgraf Hermann (1607-1658) bezeichnete ihn in einer Beschreibung des Niederfürstentums Hessen als einen „großen Pfuhl oder See, welcher mehrenteils trübe" und vermerkte ebenfalls, dass alten Berichten zufolge „ein Speenum in der Gestalt eines Weibsbilds in der Mittagsstunde sich darinnen badend sehen haben lassen solle und hernach wieder verschwunden sei".

Auch im Harz, den ich in einem vorangegangenen Kapitel beleuchtete, ist Frau Holle präsent. Als Beispiel sei die Erzählung am Oderteich erwähnt. Sie handelt von einer tragischen Liebe in ferner Vergangenheit, frei nach dem deutschen Sagenerzähler Carsten Kiehne:

„In alten Tagen... liebte Frau Holle einen Menschen-Recken, Odin genannt. Als er starb, verbrachte seine Seele alle Zeit mit Frau Holle, sodass diese ihre Arbeit arg vernachlässigte. Gott, der das ungleiche Bündnis nicht guthieß, verfluchte die Seele Odins dazu, ruhelos umherzuirren: von Berg zu Tal, hinauf gen Himmel und wieder zum Berge hinab. So fließt seine Seele in den Wassern der Oder und des Oderteiches bis heute. Bis zum heutigen Tage steigt auch Frau Holle in jedem Jahr aus dem Oderbruch hinauf auf die Berge und weint und schluchzt, dass sich Gott erbarmt. Ihre Tränen fließen dann gemeinsam mit ihrem Geliebten zu Tal und sammeln sich in den Mooren um den Oderteich herum. Und noch heute sieht man Frau Holle als weiße Frau Odin beweinen. Fängt ein Mensch ihre Tränen auf, so verwandeln sie sich in Perlen. Großherzige werden reich beschenkt, allen Gierigen aber spielt sie übel mit."

Um den Frau Holle-Teich am Hohen Meißner ranken sich eine Reihe weiterer Sagen und Geschichten. So sollen die kleinen Kinder aus dem „Hollenteich" kommen. Hängt damit der Brauch zusammen, dass junge Frauen in diesem Teich badeten, wenn sie fruchtbar werden wollten? In den Raunächten soll Frau Holle mit der „Wilden Jagd" die Seelen der Verstorbenen unter das Wasser des Hollenteiches führen. Wenn man schließlich dem Volksmund weiteren Glauben schenkt, so könne jeder, der an einem Sonntag geboren wurde, dort am Teich ab und zu ein helles Glockengeläut hören. In welchem Zusammenhang die Entstehung dieser Sage mit der Anwesenheit der auch Glockenfrosch genannten Geburtshelferkröte zu tun haben könnte, vermag niemand mit Sicherheit zu sagen.

Wer war diese Mutter Hulda, welche Spuren eines möglichen Matriarchats wurden in den Mythen und Märchen hinterlassen? Dr. Kollmann ist sich sicher, dass sich die Spuren von Frau Holle weit im Dunkel der Vorzeit verlieren und sie die regionale Verkörperung einer uralten weiblichen Erdgottheit war, die überall auf der Welt ihre unterschiedlichen Namen erhielt. Die Geschichte dieser Zeit ist fast vergessen, doch die Spuren gibt es noch. Frau Holle ist offenbar ein Überwesen einer unbekannten Vorzeit, fast ausgelöscht aus den Erinnerungen der Menschen, doch ihr Wirken ist immer noch im kollektiven Gedächtnis, auch nach so vielen Jahrtausenden des Verdrängens.

Infos

▶ Die Hohlstein-Höhle liegt an der Nordflanke des Meißners zwischen Kammerbach und Hilgershausen, den Ortsteilen von Bad Sooden-Allendorf. Bad Sooden-Allendorf ist über die B27 zu erreichen. Koordinaten Plus Code: *7V8W+H2 Bad Sooden-Allendorf.*

▶ Den Frau Holle-Teich erreicht man über die B7 und B451, Parkplatz am Frau Holle-Teich. Koordinaten Plus Code: *6V99+WM Meißner.* Die Kitzkammer liegt bei den Plus Code Koordinaten: *6R5P+8H Hessisch Lichtenau.*

Die steinerne Pfalz:
Seltsame Felsen aus vergangener Zeit

Zugegeben: Rheinland-Pfalz ist schon alleine wegen seinem guten Rebensaft eine Reise wert. Pfälzer Weine und Weinbaubetriebe gehören heutzutage zu den besten Weinen Deutschlands. Dennoch ist die Pfalz mehr als die Summe aller Weine und des Pfälzerwaldes. Es ist eine immens spannende Gegend, vor allem für jeden Freund von Spuren aus vergangenen Zeiten. Es gibt im Pfälzerwald und in der nahen Umgebung zahlreiche Relikte aus heidnischer Zeit zu entdecken, viele fristen allerdings ein Schattendasein und sind kaum bekannt oder werden in der gängigen Literatur als mittelalterlich oder römisch angesehen.

Bei Zweibrücken gibt es beispielsweise die Steinhöhle bei Wattweiler. In ihrem Inneren sind zwei geheimnisvolle Gravuren eingemeißelt und man findet einige Bearbeitungsspuren wie Ausschalungen an den davor liegenden Felsen. Aus welcher Zeit diese Bearbeitungen stammen, ist nicht genau bekannt. Wer grundsätzlich auf beeindruckende Felsformationen steht, der sollte sich auch im Dahner Felsenland den Felsenpfad und seinen schönen Rundweg antun. Der komplette Felsenpfad ist etwa 12 Kilometer lang. Das Dahner Felsenland reicht vom Südteil des Pfälzerwaldes bis zum Nordteil der Vogesen.

Hier trifft man immer wieder auf skurril geformte Sandsteinfelsen. Der Teufelstisch in Hinterweidenthal ist so ein markanter Charakter, ein imposanter, insgesamt 14 Meter hoher Pilzfelsen im Wasgau, dem Südteil des Pfälzerwaldes. Gern wird er auch Kaltenbacher Teufelstisch genannt, weil er früher zum Ort Kaltenbach gehörte. Er ist um einiges größer und weitaus bekannter als der

Teufelstisch von Salzwoog, der nur fünf Kilometer südwestlich gelegen ist, und zählt zu den schönen landschaftlichen Wahrzeichen der Pfalz.

Der Teufelstisch ist ein natürlicher, freistehender Turm, dessen Gewicht auf 284 Tonnen geschätzt wird. Es besteht aus Buntsandsteinfels, seine Form erinnert an einen einbeinigen Tisch. Seine Entstehung ist geologisch gesehen relativ einfach. Seine weicheren Oberflächenbestandteile wurden durch Erosion abgetragen, übrig blieb der harte Felskern, der heute so markant in der Landschaft steht. Seine überdimensionierte »Tischplatte« von etwa drei Meter Stärke liegt quer über seinem ebenso massiven »Tischfuß«, der rund elf Meter hoch ist. Der Felsen ist äußerst beliebt bei Kletterfreunden, denn er weist bizarre Vorsprünge auf.

Das Dahner Felsenland, wie die nach Südosten hin beginnende Region genannt wird, hat viele ähnliche Strukturen dieser Art. Das nahe Felsenmeer ist ebenfalls sehr beeindruckend. Dort wurde für Besucher eine Felsenrutsche errichtet, für all jene, die nach dem Aufstieg Lust auf eine rasante Fahrt verspüren.

Bild 61: Teufelstisch in Hinterweidenthal.

Bild 62, Collage: Das Dürkheimer Riesenfass und der römische Steinbruch Kriemhildenstuhl. Darunter römische Steinmetzspuren und die Felsenburg Altdahn.

Viele imposante Felsen und mächtige Burgruinen finden sich in der mystischen Gegend, wie die Burgruine Drachenfels oder die sagenumwobene Burg Bewartstein mit ihren ausgehöhlten Felsenräumen. Die Dahner Burgengruppe war ein besonders interessantes Reiseziel. Sie gehört zu den größten Burgenanlagen in der Pfalz. Die Dahner Burgen stammen aus dem 12. bzw. 13. Jahrhundert und wurden im Jahre 1689 zerstört. Die Felsen der Basis machen auf mich den Eindruck, als ob sie schon zu Zeiten bearbeitet und genutzt wurden, bevor die Burganlage selbst gebaut wurde. Deutlich wird dies im Vergleich der gemauerten Gebäude aus dem Mittelalter mit den aus dem Felsen herausgeschlagenen Höhlen und Kammern. Wurden die bereits vorhandenen, älteren Bearbeitungen und Aushöhlungen einfach überprägt und in den Burgbau mit einbezogen? Ähnliche Bauweisen sind mir bereits weit entfernt vom Pfälzer Land aufgefallen, beispielsweise an der Festung Regenstein bei Blankenburg im Harz. Der Autor Ulrich Magin und der Fotograf Peter Kauert haben zum Thema Pfälzer Mysterien ganz hervorragende und reich bebilderte Bücher zum ausgiebigen Schmökern herausgebracht.

Besonders in ihren Bann gezogen hat mich jedoch bei meinen Touren zu seltsamen Orten die Kurstadt Bad Dürkheim. Hilfreiche Tipps vorab erhielt ich dazu auch von Ralf Goffin, engagierter Betreiber der Seite spurensucher.eu.

Diese Stadt am Rande des Pfälzerwalds ist vielen womöglich durch den Dürkheimer Wurstmarkt oder durch das Dürkheimer Riesenfass ein Begriff. Beeindruckend auch der 571 Meter hohe Drachenfels. Hier soll einst der Kampf Siegfrieds mit dem scheußlichen Drachen stattgefunden haben. Der Sage nach hauste der grausige Lindwurm in der Drachenhöhle und der Drachenkammer. Siegfried besiegte das Untier und badete in seinem Blut.

Der römische Steinbruch Kriemhildenstuhl, der um 200 v. Chr. von den Römern betrieben wurde, gehört ebenfalls zur besonderen Sehenswürdigkeit von Bad Dürkheim. Der Steinbruch ist gewaltig. Interessant sind auch die in den Felsen eingravierten Inschriften und Darstellungen von menschlichen Gestalten und Tieren. Hier haben sich wohl die römischen Steinmetze verewigt. Oberhalb des Steinbruchs befindet sich die Heidenmauer, ein zweieinhalb Kilometer langer Ringwall, der den Kelten zugeordnet wird. Ebenso eine kleine Rekonstruktion der Heidenmauer, wie diese einst aufgebaut wurde, findet sich hier in der Nähe.

Vielfach wurden im Mittelalter Steine mit seltsamen Bearbeitungen, die teilweise keltische Opferaltare mit Blutschalen und Blutrinnen waren, mit dem Teufel in Verbindung gebracht. Einfach, weil sie sich die Menschen oft keinen Reim darauf machen konnten

Bild 63: Rekonstruktionsversuch der Heidenmauer.

wie diese Felsen entstanden sind. Eine pfälzische Sage weiß ebenfalls vom Teufelsstein bei Bad Dürkheim zu berichten:

„Einst, als auf dem Berg gegenüber dem Teufelsstein das Kloster Limburg errichtet wurde, missbrauchten die Mönche den Teufel als Bauhelfer. Sie hatten ihm weisgemacht, ein Wirtshaus bauen zu wollen, und ihn auf diese Weise bewogen, die riesigen Steinquader aufeinanderzutürmen. Erst als nach Fertigstellung der Anlage die Glocken zur feierlichen Weihe der Basilika riefen, bemerkte der Teufel den Betrug. Voller Grimm wollte er auf dem gegenüberliegenden Berg den gewaltigen Felsblock ergreifen und auf das neue Kloster schleudern. Doch Gott beschützte die Mönche, der Stein wurde weich wie Butter. Da setzte sich der Teufel darauf, und sein Hintern, seine Füße und sein Schwanz hinterließen Abdrücke, die noch bis zum heutigen Tag sichtbar sind...“

Bild 64: Der Teufelsstein bei Bad Dürkheim.

Der Teufelsstein liegt auf der Kuppe eines 317 Meter hohen Berges. Er misst etwa zweieinhalb Meter in der Höhe und ist bis zu vier Meter breit. Am Teufelsstein erkennt man diese seltsamen Bearbeitungsspuren, denn der Findling wurde in früherer Zeit als Kultobjekt verehrt und genutzt.

Der Teufelsstein trägt zahlreiche eingehauene Symbole, die aus verschiedenen Zeiträumen stammen. So findet man neben Sonnenrädern und Runen auch römische Ziffern und Markierungen, die Steinmetze um das zwölfte Jahrhundert verwendeten. Alten Überlieferungen zufolge sollen in früher Zeit sogar zwei grob skizzierte menschliche Figuren erkennbar gewesen sein. Leider sind diese inzwischen vollends verwittert. Manche munkeln sogar, dass sie absichtlich zerstört wurden.

Dieser wuchtige Felsbrocken wirkt wie hingeschmettert. In den Felsen wurden seltsame Stufen eingehauen. Klettert man diese Stufen hinauf, erspäht man schalenförmige Ausarbeitungen im Stein und eine Rinne. Welche Rituale wurden hier einst durchgeführt? Spuren von Auswaschungen deuten darauf hin, dass hier Wasser oder andere Flüssigkeiten die stufenartigen Formationen hinunterliefen. Sie sollen als Opferschale für religiöse Riten der Kelten gedient haben.

Bild 65: Der Zugang ist heute zugemauert.

An einer Seite erhebt sich der Teufelsstein vom Boden und davor ist eine Vertiefung, die offenbar in eine Höhle unter den Stein führte. Diese ist heute allerdings zugemauert und ist nicht mehr begehbar.

Was mich aber wirklich staunen lässt, sind die seltsamen Relikte auf einem Rundweg im kleinen Ort Leistadt bei Bad Dürkheim. Zweimal war ich bereits dort, um mir diese seltsamen Relikte in Augenschein zu nehmen. 2014 das erste Mal, 2019 ein weiteres Mal. Gute Wanderausrüstung kann ich für diese teils unwegsamen Wege nur empfehlen, denn teilweise musste ich über herabgestürzte Äste und zugewuchertes Gestrüpp klettern. Der Rundweg ist eine für geübte Wanderer mittelschwere Tour und geht etwas mehr als acht Kilometer den Berg hinauf und wieder hinunter. An der 1845 erbauten Laura-Hütte empfiehlt sich eine kurze Rast. Hier begegnet man ersten kuriosen Objekten wie einem riesigen Felsen am Berghang. So kommt man an merkwürdigen Steinen mit Schalen vorbei und gelangt zu einem angeblichen Steinbruch. Der Fels sieht aus wie eine steinerne Couch. Am höchsten Punkt des Berges staunt man dann über ein steinernes „Kanapee". Der Name passt schon irgendwie, denn es handelt sich um ein Steinsofa und einen daneben liegenden Felsbrocken, in den scheinbar völlig sinnfrei Stufen hineingeschlagen wurden. Diese Stufen enden einfach oben am Felsen.

Diese Gegend ist mehr als mysteriös. Auch der Weg nach unten ist gespickt mit Kuriositäten. Riesige Felsen, die aus der Erde herausragen, oder das seltsame „Portemonnaie", ein Felsblock mit einer großen Spalte. Hier werfen Wanderer kleine Steine hinein, um sich Glück oder Wohlstand zu wünschen. Das ganze Areal ähnelt vom Berg ab bis hinunter einem Trümmerfeld, als ob hier gewaltige Kräfte die riesigen Steine durcheinandergewirbelt haben

Bild 66+67: Der geheimnisvolle Briefkasten. Rechts Cart Ruts in der Pfalz.

oder einstmals steinerne Bauwerke zerstört wurden und den Berg hinabstürzten. Man mag dies mit der Eiszeit begründen, als das Eis riesige Findlinge durch die Landschaft schob, aber hier sieht es anders aus. Felsen und herumliegende Steinfragmente haben teils Bearbeitungsspuren, scheinen einst Teil eines größeren Ganzen gewesen zu sein.

Seltsam hier auch beispielsweise der sogenannte „Briefkasten". Ein großer Felsblock, in den an einer Seite ein Schlitz eingearbeitet wurde. Für die landläufige Bevölkerung mag es in der Tat ausschauen wie ein steinerner Briefkasten, allerdings mag diese Erklärung zu trivial erscheinen. Der Sage nach soll eine Jungfrau, die hier ein Blatt einwirft, sicher bald einen Freier finden.

Zeitlich werden diese ganzen Artefakte der römischen Zeit zugeordnet, nicht zuletzt wegen den Wagenspuren. Da waren sie wieder, die „Cart Ruts", die Rillen im Stein, um es besser auszudrücken. Denn Wagen waren hier relativ ungelenk, vor allem, da die Spurbreiten hier variieren. Wagen mit Rädern dürften hier erhebliche Probleme gehabt haben. Heutzutage werden diese überall verbreiteten „Cart Ruts" grundsätzlich den Römerstraßen zugeordnet. Sie sollen für den Abtransport des Steinbruchmaterials gedient haben. Eine wahnwitzige Vorstellung, wie Steine aus unzugänglichem Gelände gewonnen und transportiert worden sein sollen. Klassische Römerstraßen sehen allerdings ganz anders aus und besitzen meist einen begradigten und teils gepflasterten

Bild 68+69: Riesige Felsen an der Pfälzer Teufelsmauer.

Verlauf. Zwar sind diese Spuren nur für kurze Abschnitte zu sehen, einiges davon wird noch unter dem Waldboden schlummern, aber beeindruckend sind sie allemal. Welchem Zweck diese seltsamen Rillen ursprünglich dienten, mag also nicht ganz eindeutig sein.

Im Verlauf des Weges kommt man überdies zur Teufelsmauer. Ein Name, der mir auf meinen Touren oft begegnete. Wo man seltsame heidnische Plätze nicht mit christlichen Bauwerken überprägen konnte, tat man es mit der namentlichen Verteufelung. Die Teufelsmauer hat den Namen allerdings zurecht, denn hier scheint wirklich der Teufel gewütet zu haben. Auch hier begegnen mir

Bild 70+71: Geteilte Felsen an der Teufelsmauer. Rechts ein geheimnisvolles steinernes Antlitz oder Laune der Natur?

steinerne Trümmerfelder, jedoch ist hier noch ein ursprüngliches System zu erkennen, man kann erahnen, dass hier ein gewaltiges Bollwerk aus Stein stand. Die Teufelsmauer erweckt in mir nicht nur den Eindruck eines reinen Naturdenkmals. Hier wurde gebaut, und zwar kräftig. Merkwürdige Bearbeitungen an den Felsen fallen mir auf: Verwitterte Steingesichter wähne ich zu erspähen. Oder spielen mir meine Augen einen Streich? Ein steinerner Kopf späht aus dem Felsen heraus, Augenhöhlen und Nase starren Richtung Tal. Eine Laune der Natur?

Das Plateau der Teufelsmauer ist riesig, auf gewaltigen Felsbrocken stehe ich oben auf. Einige scheinen wie auseinandergebrochen. Aus welcher Zeit stammen diese Relikte rund um den Waldweg wirklich? Ja, die Römer waren offensichtlich hier am Werkeln. Was war aber bereits vorher da? Fast bekommt man den Eindruck, als ob so getan wird, dass es vor den Römern keine Zivilisationen gab. Doch wie soll man dann Spuren einordnen, die vielleicht Jahrtausende älter sind? Welche kataklystischen Vorgänge haben hier gewirkt und wann war das? Das Thema Leistadt und die Region um Bad Dürkheim haben mich gefesselt und ich werde wohl auch die vielen anderen spannenden Relikte in der Gegend besuchen müssen.

Infos

▶ Der Teufelstisch bei Hinterweidenthal liegt an der Adresse Im Handschuhteich 29, 66999 Hinterweidenthal. Plus Code: *5PVV+XG Hinterweidenthal.*Unweit vom Teufelstisch finden sich die spannenden Felsformationen Teufelsküche, Plus Code *5PRV+Q8 Hinterweidenthal,* Teufels Fuchs und Hase, Plus Code *5PVV+52 Hinterweidenthal* und des Teufels Kochlöffel, Plus Code *5PVR+3P Hinterweidenthal.*

▶ Burg Bewartstein liegt bei den Google Plus Code Koordinaten *4V57+84 Erlenbach* bei Dahn und das Burgenmassiv Altdahn mit den Plus Code Koordinaten *5R22+3V Dahn,* beide entlang der B427 zu finden.

▶ Der Steinbruch Kriemhildenstuhl liegt an der Hinterbergstraße, 67098 Bad Dürkheim, Plus Code *F575+FH Bad Dürkheim.* Unweit davon kann man die keltische Heidenmauer in Augenschein nehmen. Der Teufelsstein bei Bad Dürkheim liegt an den Plus Code Koordinaten *F4CX+29 Bad Dürkheim* und ist etwa eineinhalb Kilometer vom Kriemhildenstuhl entfernt.

▶ Der historische Rundweg in Leistadt hat einiges zu bieten. Die Plus Code Koordinaten F4VM+J4 Bad Dürkheim beziehen sich auf die Laurahütte, wo man eine Rast mit einem schönen Ausblick genießen kann. Die Teufelsmauer liegt beispielsweise bei *F4QF+8M Bad Dürkheim.*

Merlins Garten:
Megalithen im Elsass

Mystische Stätten in der Region um das Elsass sind keine Seltenheit. Auf meinen Expeditionen zu solchen verlorenen Orten der Vergangenheit war ich im Herbst 2019 auf der Suche nach dem „Verlorenen Eck" nahe der französischen Gemeinde Rosheim, einem mythischen Ort, der auch gerne „Merlins Garten" genannt wird. Eine lange Zeit der Vorplanung und Recherche führte mich sodann mitten in den Wald nahe den Bergen Pupurkopf und Heidenkopf zur *„Route du S'Verlorene Eck"*. Allein diese heidnischen Namen der Berge lassen schon aufhorchen. Vielfach finden sich an vorchristlichen Kultplätzen solche alten Bezeichnungen, welche die Christianisierung überdauert haben. Gerade die Region um das Elsass bis hinein in den Pfälzer Wald sind wahre Hotspots für Spuren der alten Megalithkulturen.

Merlins Garten war nun das Ziel dieser umfangreichen „Tour in die Vergangenheit" und ich wurde fündig.

Ungefähr 25 Autominuten vom Mont Sainte-Odile, wo sich auch der steinerne Wall der Heidenmauer um die Abhänge des Berges herumzieht, liegt der *Jardin du Merlin* einsam im Wald. Märchenhaft wird er von einem kleinen Bach umrahmt. Ein vergessener Platz, der spannende Objekte zeigt: Steinreihen und Steinkreise, eine „Sitzecke", einen Dolmen, der einen gravierten Stein überdacht und eine Art steinerner Schreibtisch.

Steinerne Wunder aus ferner Zeit, vergessen von der modernen Welt? Die einzelnen Menhire sind unterschiedlich in Größe und Breite, umrahmen fast schon mystisch diese Stätte.

Diesen ruhigen Ort möchte ich glattweg entspannend nennen und obschon man hier eine Wanderhütte vorfindet, scheint dieser Ort nicht allzu oft besucht zu werden. Ich bin an diesem Tag in Begleitung mit meiner Frau und unserem Hund Fritz den ganzen Tag allein an diesem wunderschönen Ort. Genug Zeit für Fotos und Untersuchungen. Fritz ist immens aufgeregt, schnüffelt überall herum, an einigen Megalithen weicht er fast erschrocken zurück. Ist es Ehrfurcht vor dem Unbekannten oder spürt die Fellnase wieder mal mehr als ich? Zugegeben, ich bin der eher nüchterne Forscher. Jedoch bin auch ich davon überzeugt, dass von vielen steinernen Monumenten in unserer Welt subtile Energien ausgehen. Über deren Sinn und Ursprung gilt es hier, mehr über unsere Vergangenheit zu erfahren. Getrennt von einer Forststraße befinden sich weitere steinerne Objekte auf der gegenüberliegenden Seite des Bächleins. Hier befindet sich auch ein kleiner Dolmen oder Tisch, umrahmt von einzelnen Felsen.

Es ist nicht genau bekannt, wer diesen mysteriösen Ort geschaffen hat und wann. Welchem Zweck diente er? Symbole an den Steinen zeigen seltsame Formen. Einige neuzeitliche Einkerbungen sind offenbar noch nicht allzu lange Zeit vorhanden. Hinweise gibt es auf Gestaltungsarbeiten im Jahre 1995. Auch gibt es dort Infotafeln in französischer Sprache. Sie zeigen vorwiegend eine Übersicht der Lage der Steine und Kreise. Auf einer Tafel findet sich die Bezeichnung „Der Steinkreis Merlins Garten" und der mysteriöse Spruch „Solange du nur die Sterne über dir siehst, hast du nicht den Blick des Wissens". In der rechten Ecke der Tafel findet sich zudem die immens tiefgreifende Weisheit „Das Mineral ist die Erinnerung an das Universum". Steinen werden seit jeher die Rolle des Hüters des prähistorischen Gedächtnisses zugeschrieben. Rupert Sheldrakes Gedächtnis des Universums in Form der morphogenetischen Felder kommt mir in den Sinn. 1981 stellte

Bild 72: Der Jardin du Merlin: Mystischer Platz im Elsass.

der britische Autor und Biologe eine Hypothese auf, nach der sogenannte morphische Felder existieren, die die Entwicklung von
Strukturen beeinflussen sollen.

Das ganze Areal soll nach Erkenntnissen von Wünschelruten-
gängern entlang von Energieadern errichtet worden sein. Zudem
sind die Steine offenbar nach astronomischen Gesichtspunkten
ausgerichtet und stehen in Verbindung mit dem Sonnensystem.

Einige der Steine symbolisieren offensichtlich auch die Planeten und die Sonne. So findet sich auf einer Tafel eine Abbildung
und die Bezeichnung einzelner Steine, die Planeten wie Mars, Ju-
piter oder Saturn symbolisieren, darunter auch der Mondstein und

Bild 73: Außergewöhnliche Felsanordnungen im Verlorenen Eck.

der große Sonnenstein. In der Mitte wird der Merkur als kleinerer Stein dargestellt. Hinter dem Sonnenstein befinden sich Dolmen oder Grabkammern und neben dem Sonnenstein findet sich eine Dreiergruppe Menhire, die als „Zeichen des Feuers" bezeichnet werden. Ein weiterer Menhir neben der Planetengruppe soll die Frühlings-Tagundnachtgleiche darstellen und auf der gegenüberliegenden Seite befindet sich entsprechend der Stein für die Tagundnachtgleiche im Herbst. Die Tagundnachtgleiche wird auch als Äquinoktium bezeichnet, hierbei werden die beiden Kalendertage eines Jahres genannt, an denen lichter Tag und Nacht etwa gleich lang sind. Ein Nordstein stellt die Wintersonnenwende dar und ein Südstein hinter dem Sonnenstein die Sommersonnenwende. So zumindest die offizielle Interpretation vor Ort.

Unweit dieser Anordnung finden sich steinerne Bänke und ein Steinkreis sowie ein Stein auf Felsplattformen. Darüber hinaus einige kleine Dolmen.

Auf einer weiteren Tafel finden sich noch zusätzliche Informationen. Hier steht der Satz „Was nicht hier ist, ist nirgendwo, was hier ist, ist überall" in der linken oberen Ecke und in der rechten unteren Ecke ein Spruch: „Das Weltall ist ein Kreis, dessen Mittelpunkt überall, dessen Umfang nirgends ist". Darunter steht Heraklit, allerdings wird der Satz Blaise Pascal (1623-1662) zugeprochen, dem französischen Religionsphilosophen, Naturwissenschaftler und Begründer der Wahrscheinlichkeitsrechnung.

Bild 74: Der riesige Sonnenstein.

Hier werden also mathematische Gesichtspunkte auf den *Jardin du Merlin* projiziert. Der Philosoph Heraklit von Ephesos (um 520 v. Chr.-460 v. Chr.) setzte sich ebenfalls mit dem Verhältnis von Gegensätzen auseinander, wie etwa von Tag und Nacht, Wachsein und Schlafen, Eintracht und Zwietracht und sah diese Gegensätze in einer spannungsgeladenen Einheit gegenüberstehend.

Eine weitere Tafel zitiert mit der Überschrift „Der runde Tisch" die Suche nach dem Gral: „Nach diesem Tisch gab es noch den runden Tisch, der auf Anraten von Merlin und von großer Bedeutung eingerichtet wurde, wir nennen es runden Tisch, um durch die Rundheit der Welt und den Verlauf der Planeten und den der Sterne am Firmament in himmlischen Umdrehungen die Sterne und viele andere Dinge zu bezeichnen. Wir können auch sagen, dass der runde Tisch die Welt gut darstellt".

Der Name Merlin könnte vom walisischen „Myrddin" stammen. Bis heute ist die Echtheit dieser Person nicht zweifelsfrei nachgewiesen. Merlin taucht als Zauberer und Ratgeber in der Artussage auf. In der Erzählung *Histoire de Merlin* wird er zum Lehrer von König Artus. Sowohl die Tafelrunde als auch die Suche nach dem Gral soll auf Merlin zurückgehen.

Werden hier also mithilfe der Steine das heliozentrische Weltbild und die Ordnung des Universums dargestellt? Hat dieser Ort wirklich etwas mit Artus und der Suche nach dem Gral zu tun? Noch immer suchen Glücksritter nach dem kostbaren Gefäß. Oder ist der Heilige Gral gar kein Gefäß? Wird der Ort deshalb „Merlins Garten" genannt? Die Legende um den Heiligen Gral erschien im späten 12. Jahrhundert in der mittelalterlichen Artus-Sage. Oder werden hier neuzeitliche Interpretationen mit den steinernen Monumenten vermischt, die viel älter sind?

Ich konnte trotz intensiver Recherchen schwer Informationen über diesen seltsamen und doch so schönen Ort finden. Offensichtlich wurde um den ganzen Bereich eine höchst informative Szenerie gestaltet, neuzeitliche Umgestaltungen inbegriffen. Angeblich wurde dieser Ort 1995 umgestaltet, um den Bischoffsheimer Wald aufzuwerten. Die Archäologie behauptet, es gäbe im Elsass keine Megalithen und es handelt sich um eine moderne Konstruktion. Ein Kunstwerk vielleicht, anhand verschiedener berühmter megalithischer Stätten nachempfunden. Dann hat sich aber jemand erhebliche Mühe gemacht.

Auch die Autorin und Seherin Susanne Klimt schreibt in ihrem Buch *Magische Orte im Elsass*: „Viele Archäologen der Vergangenheit behaupten zwar, dass es hier im Elsass eigentlich solche Megalithen normalerweise nicht gäbe, was aber in meinen Augen Quatsch ist. Sicherlich wurden hier Schriftzeichen und kleine Veränderungen nachträglich dazugebaut, aber das ist ja wie bei allen Bauwerken der Welt der Fall, dass es immer mal Neuerungen und Verbesserungen gibt."

Einige der Menhire sind offensichtlich alt, sehr alt. Darüber hinaus wäre es wirklich überraschend, wenn es im Elsass nie authentische Megalithen gegeben hätte, denn man findet diese steinernen Zeugnisse aus ferner Zeit in den Vogesen, in der Franche-Comté im Osten Frankreich, in der Schweiz und natürlich auch in Deutschland. Und diese Zeugnisse liegen praktisch nur wenige Kilometer vom Elsass entfernt. Man denke nur an die uralten Spuren im Pfälzer Wald oder Menhire wie den Gollenstein von Blieskastel.

So leicht ist es auch nicht mit der Vermutung, dass es eine in der Moderne errichtete Anlage wäre. Der sogenannte „Merlins Garten" wurde nämlich angeblich in den frühen 1980er Jahren entdeckt. Die vorgefundenen Steine wurden 1985 von Geobiologen aufgerichtet und positioniert. So hört sich die Sache schon ganz anders an. Eine These besagt, sie wurden anhand von Wünschelruten und der Verortung von Tellurstrahlen ausgerichtet. Tellur ist ein seltenes, metallisch glänzendes Halbmetall, das noch seltener wie Gold auftritt.

Einige Megalithen sehen aber in der Tat wesentlich älter aus als andere. Möglicherweise sind sie authentische Steine aus prähistorischer Zeit. Der große isoliert stehende Südstein zum Beispiel oder der im Norden befindliche Menhir scheinen solche ursprünglichen Steine zu sein. In dem Fall wären sie älter als Merlin und König Artus, und der geheimnisvolle Zauberer

Bild 75: Dreiergruppe Menhire „Zeichen des Feuers".

wäre lediglich Namensgeber für diesen Ort. Andere Konstruktionen wie die steinernen Sitzgruppen oder Steintische scheinen nachträglich errichtet worden zu sein. Wäre dem so, empfinde ich sogleich Wut und Ärger über eine solche Umgestaltung alter Funde. Demnach wäre *S'Verlorene Eck* eine neo-druidische Konstruktion neuzeitlicher Druiden. Hätte man den Platz in seiner Ursprünglichkeit belassen, wäre er insgesamt authentischer gewesen. Entfernt man also gedanklich Steintische und bestimmte Steinkreise, hat man möglicherweise den ursprünglichen Zustand dieses Ortes.

Diese ganze Stätte ist seltsam und doch faszinierend. Er bedarf auf jeden Fall der weiteren Forschung, insbesondere in Hinsicht auf physikalische Kräfte und ihre Wechselwirkungen. Ob neu oder alt, dieser Ort ist überaus sehenswert. Waren einige Steine also vor der Gestaltung des Platzes bereits vorhanden? Hatte hier wirklich Merlin seine Finger im Spiel? Ist der Platz am Heidenkopf viel älter? Niemand kann es wirklich genau sagen, doch interessant ist, dass die ganze Region um Pfalz, Elsass und Schwarzwald etliche alte Spuren aus fernen Zeiten aufweist.

Da ist zum Beispiel der *Pierres d'autels presumes*, der steinerne Durchgang auf dem Reisberg. Auf dem Weg zum Chateau Wasenbourg entdeckt man an der höchsten Stelle in der Umgebung ein Steinplateau mit riesigen Bassins. Unweit des Plateaus gibt es einen in ein Felsplateau gemeißelten Durchgang. Er hat keinen erkennbaren Weg, man weiß nicht, wo er einst hinführte oder welchem Zweck er mal gedient haben könnte. War es wirklich ein Durchgang?

Nahe der spätrömischen Gemeinde Saverne im Elsass, deutsch Zabern, gibt es einen sehr mysteriösen Ort mit dem Namen *Le Saut du Prince Charles*. Der Legende nach soll das Pferd des Prinzen über die Klippen gesprungen sein und dabei hufeisenförmige Abdrücke im Felsen hinterlassen haben. Spannend sind hier auch die „Cart Ruts", also die „Wagenspuren", wie man sie in verschiendenen Regionen Europas her kennt, so beispielsweise die berühmten Karrenspuren auf Malta oder Sizilien, sind allerdings bei Saverne nicht so zahlreich. Aber auch die bereits erwähnten rätselhaften Wagenspuren in Deutschland oder Österreich sind hier zu nennen. Die Wagenspuren verlaufen bergauf und bergab und enden nach wenigen Metern.

Bild 76: Kleiner Dolmen in Merlins Garten.

Susanne Klimt, Expertin für paranormale Phänomene, schreibt dazu passend in *Magische Orte im Elsass*: „Hier im Elsass trifft man immer wieder auf diese Stätten mit außergewöhnlichen Felsanordnungen und die Historie zeigt, dass diese auch seit Jahrtausenden von den Menschen genutzt werden."

Es bleibt also spannend um Merlins Garten. Ist das „Verlorene Eck" ein heißer Kandidat auf der Suche nach Ruinen aus einer längst vergessenen Zeit?

Bild 77: Hund Fritz in Merlins Garten.

Infos

▶ Die Plus Code Koordinaten vom Odilienberg lauten *CCM2+82 Ottrott, Frankreich.* Sie beziehen sich auf das Kloster. Um die Abhänge des Berges herum zieht sich die sogenannte Heidenmauer.

▶ Merlins Garten, „s'Verlorene Eck", befindet sich an den Plus Code Koordinaten *F9C5+2G Kanton Rosheim, Frankreich.*

Nachwort:
Versunkene Welten gestern, heute, morgen

Wir leben in einer Welt des ständigen Wandels und des Umbruchs. Ständig neue Erkenntnisse in Archäologie, Astrophysik und Kosmologie zwingen uns, neuen Entdeckungen in der Geschichte einen Platz einzuräumen. Das betrifft zum Beispiel auch die zunehmenden Entdeckungen von Planetensystemen in den Weiten des Kosmos und die Hinweise auf extraterrestrische Lebensspuren auf anderen Planeten und Monden. Auch die ständig neuen Erkenntnisse in den archäologischen Bereichen deuten darauf hin, dass im Verlauf der Erd- und Menschheitsgeschichte bedeutend vielschichtigere Ereignisse stattgefunden haben, als uns bislang bewusst sein mag. Hier zeigen uns die Überreste und Hinterlassenschaften von bedeutenden, alten Kulturen rund um die Welt merkwürdige Fakten und technologische Entwicklungen. Diese passen allerdings nicht so recht in das mühsam erstellte Geschichtsbild. Eine wichtige und vielleicht alles entscheidende Erkenntnis mag darin liegen, dass die kosmischen Ereignisse und die Geschehnisse auf der Erde weit mehr im Zusammenhang stehen könnten, als wir es uns bislang vorgestellt haben.

Wir haben nun gemeinsam viele Dinge erfahren: über Spuren alter Zivilisationen, verschollen im Dunkel der Zeit und über uralte Menschengeschlechter. Insgesamt können wir in jedem Fall feststellen, dass die Überreste der Megalithkulturen nirgendwo so mannigfaltig sind, wie im westlichen und nördlichen Mitteleuropa. Bauwerke von überragender Qualität, oft umgeben von Konstruktionen, die Jahrtausende später erfolgten. Steinerne Spuren waren dabei ebenso im Fokus wie die Frage, warum wir uns nicht mehr daran erinnern.

Am Ende bleiben viele Fragen offen, doch sind wir mit unserem Erkenntnisgewinn denn auch wirklich am Ende? Wissen wir schon alles? Zumindest diese Frage können wir mit einem klaren „Nein" beantworten. Die Menschheit steht mit dem, was sie zu wissen glaubt, ganz sicher erst am Anfang. Viele Antworten auf unsere Fragen können vielleicht erst nachfolgende Generationen beantworten, aber auch nur dann, wenn wir alle eine unvoreingenommene Sichtweise beibehalten, die uns völlig neue Einblicke und Aha-Erlebnisse liefern kann. Schließlich werden alle Erkenntnisse dieser Welt nicht das Geringste verändern, wenn es in unserem Inneren leer ist, wenn man nichts mehr glauben kann, das wichtiger ist als reine Fakten.

Und schließlich liegt es an uns als Zivilisation, die Zeiten zu überdauern. Viele Hinweise deuten darauf hin, dass wir an einem Scheideweg angekommen sind. Umweltzerstörung und Raubbau an der Natur haben unfassbare Ausmaße angenommen. Vor allem die Überbevölkerung ist ein gewaltiges Problem. Auch die egoistischen Lebensweisen nehmen exponentiell zu, Würde und Integrität gehen zunehmend verloren. Internet-Nomaden unterminieren soziale Medien, die eigentlich die großen Ziele des gemeinsamen Austauschs verfolgen. Stattdessen präsentieren sogenannte Influencer auf der Jagd nach Anerkennung ihre belanglosen Inhalte und messen ihren zweifelhaften Ruhm an Likes. Sie merken, ich bin bei solchen Themen kein bisschen flexibel. Eine moderne Zivilisation sollte auch gemeinschaftliche Ziele haben und ihre Ressourcen sinnvoll einsetzen, ohne Profit und Betrug. Das betrifft vor allem auch den Umgang mit unseren Mitgeschöpfen, den Tieren und Pflanzen dieses Planeten. Eine intelligente Gesellschaft muss sich auch diese Ziele setzen, seriös und objektiv zugleich sein. Möglicherweise scheiterten die archaischen Zivilisationen an genau diesen Herausforderungen. Alles wiederholt sich.

Denken Sie an das ungeschriebene Gesetz, das ich bereits erwähnte: Nichts in der Natur nimmt mehr als es braucht. Bricht es diese natürliche Ordnung, wird es ein Opfer derselben und stirbt über kurz oder lang aus. Sind wir heute ebenfalls eine Zivilisation, deren Grenzen erreicht sind?

Gab es eine Menschheit vor der Menschheit? Existierten vor Jahrtausenden Zivilisationen, die im Strom der Zeit verschollen und vergessen wurden? Hyperborea, Atlantis, Mu oder Lemuria, ihre Bezeichnungen sind vielzählig. Zerstörten weltumspannende Kataklysmen ganze Kulturen? Haben wir eine Urerinnerung an die alten Ur-Zivilisationen? Wo finden wir ihre Spuren? Was führte zur Entwicklung und Evolution des Menschen? Was zu ihrem Untergang? Wollen wir es in unserer Gesellschaft auch soweit kommen lassen? Fragen, die bislang keine befriedigenden Antworten liefern können und die ich aus Platzgründen in einem folgenden Buchprojekt aufgreifen werde.

Der deutsch-schweizerische Historiker, Publizist und Schriftsteller Golo Mann (1909-1994) schrieb einmal: „Wer die Vergangenheit nicht kennt, wird die Zukunft nicht in den Griff bekommen." Treffender könnte ich es hier zum Ende dieses Buches kaum sagen. Wer mehr wissen möchte, bleibt eben neugierig.

Zum Abschluß möchte ich Ihnen, verehrte Leserinnen und Leser, noch mit auf den Weg geben, dass es meiner Ansicht nach keine edlere Berufung gibt als die, etwas zu erforschen. Es gibt auch keine edlere Ambition als jene, das Wissen der Menschheit zu erweitern. In diesem Sinne, bleiben Sie offen für alles.

Ihr Roland Roth

Herrgottsstein bei Hendelhammer

Wackelstein

Brütende Hitze bei den Hünengräbern

Hünenbett aus der Vogelperspektive

Soderstorfer Nekropole

Marienkirche in Bergen

Klusfelsen

„Alte Gesichter"

Riesenstein von Wolfershausen

Helfensteine auf dem Dörnberg - Welche Energien wirken bei den Helfensteinen?

Frau Holle Teich

v.O.n.U.: Abteröder Bär, Hollsteine

v.O.n.U.,v.l.n.r.: Steinerne Pfalz: Briefkasten, Verschlossener Eingang, Teufelsmauer, geteilte Felsen an der Teufelsmauer

Merlins Garten: Außergewöhnliche Felsanordnungen im Verlorenen Eck

Merlins Garten: Ein seltsamer und faszinierender Ort

Kleiner Dolmen und ein Steinkreis in Jardin du Merlin

„Immer steigt im Geist ein großes Vertrauen, eine starke Zuversicht auf, wenn eine Ordnung zutage tritt."

Johannes Kepler (1571-1630), deutscher Astronom

Quellen und weiterführende Literatur

Vorwort

Bauer, Wolfgang / Zerling, Clemens: Das ganz andere im Stein. Wenn Steine, Felsen und Berge ihr vollständiges Sein offenbaren. Darmstadt 2013

Carnac, the Energy Engine. http://www.hedgedruid.com/tag/kaj-halberg/

Burke, John und Kaj Halberg: Seed of Knowledge, Stone of Plenty: Understanding the Lost Technology of the Ancient Megalith-Builders. Kanada 2005

Ein steiniger Ort voller Rätsel. Bieler Tageblatt, 04.02.2021

Ercivan, Erdogan: Verbotene Ägyptologie. Rottenburg 2003

Lippert, Peter und Schmidt, Dr. Klaus-Ullrich: Das Leuchten der Megalithen. Die Kultur kam nicht von den Sternen. Aachen 2013

Meller, Dr. Harald und Michel, Kai: Griff nach den Sternen – Nebra, Stonehenge, Babylon: Reise ins Universum der Himmelsscheibe. Berlin 2021

Origins of the sarsen megaltihs at Stonehenge. https://advances.sciencemag.org/content/ 6/31/eabc0133

Saunders, Mike: Stonehenge Planetarium. Downs Books, 1979

Schoch, Robert: Die vergessene Zivilisation: Die Bedeutung der Sonneneruptionen in Vergangenheit und Zukunft. Groß-Gerau 2014

Einleitung: Area One – Stätte der Vergangenheit

„Sonderwaffenlager Area One in Fischbach bei Dahn". In: KuLaDig, Kultur. Landschaft. Digital. URL: https://www.kuladig.de/Objektansicht/KLD-271011 (Abgerufen: 7. Februar 2021)

http://www.ig-area-one.de/

Informationen vor Ort flossen in den Bericht mit ein.

Kapitel I: Spuren vorzeitlicher Zivilisationen
Zerstört und vergessen: Das verlorene Wissen der Menschheit
Benesch, Kurt: Auf den Spuren großer Kulturen. München 1979

Berlitz, Charles: Geheimnisse versunkener Welten, München 1990

Fiebag, Johannes: Rätsel der Menschheit. Luxemburg 1982

Graichen, Gisela: Das Kultplatz-Buch. 1999

Kreisberg, Glenn (Hrsg.): Das verschollene Wissen der Vorzeit. Rottenburg 2011

Langbein, Walter-Jörg: Geheimnisvolles Wissen. Rastatt o.J.

Mattes, Daniela und Roth, Roland: Geheimnisvolle Unterwelten. Mythos, Legende, Forschung. Groß-Gerau 2021

Pauwels, L. Bergier, J.: Aufbruch ins dritte Jahrtausend. Düsseldorf 1997

Roth, Roland: Die Existenz des Unglaublichen. Groß-Gerau 2006

Roth, Roland: Technogötter. Vorzeitliche Hochtechnologie und verschollene Zivilisationen. Groß-Gerau 2006

Schmitz, E.H.: Die Erfindung des Fernrohrs. In: Damals, Nr.10, 1976

Verweyen, Theodor: Bücherverbrennungen. Heidelberg 2000

Werner, Thomas: Den Irrtum liquidieren. Bücherverbrennungen im Mittelalter. Göttingen 2007. ISBN 978-3-525-35880-1

Auf der Jagd nach Mu: Das uralte Menschengeschlecht

Churchward, James: Mu, der versunkene Kontinent. Independently published 2021

Hancock, Graham: Die Spur der Götter. Bergisch Gladbach 1995

Hancock, Graham: Die Magier der Götter. Rottenburg 2018

Hancock, Graham: Unterwelt. Antike Metropolen auf dem Meeresgrund. Rottenburg 2019

Hapgood, Charles: Die Weltkarten der alten Seefahrer. Frankfurt 2002

Horn, Roland M.: Lemuria und die Südsee, in Q´PHAZE, Ausgabe 4/2010

Langbein, Walter-Jörg: Bevor die Sintflut kam. München 1998

Proctor, Richard Anthony: Saturn and its System. https://archive.org/details/saturnanditssys00unkngoog

Roth, Roland (Hrsg.): Auf den Spuren der Alten, Harbarnsen 2009

Rudgley, Richard: Abenteuer Steinzeit. Die sensatioenellen Erfindungen und Leistungen prähistorischer Kulturen. Wien 2001

Welker, Kurt: Als die Jahre keine Zahlen trugen. Leipzig 1961

Verloren, verschwunden, vergessen: Über das Fehlen von Spuren uralter Zivilisationen

Baigent, Michael: Das Rätsel der Sphinx. München 1998

Bürgin, Luc: Rätsel der Archäologie - Unerwartete Entdeckungen - Unerforschte Monumente. München 2003

Childress, David Hatcher: Technologie der Götter. Peiting 2003

Childress, David Hatcher und Shaver, Richard: Versunkene Kontinente. Peiting 2001

Cremo, Michael A. und Thompson, Richard L.: Verbotene Archäologie, Essen 1994

Dowson, John: Hindu Mythology and Religion. Geography, History and Literature. 1894.

Keilhauer, Anneliese und Peter: Die Bildsprache des Hinduismus. Die indische Götterwelt und ihre Symbolik. Köln 1983

Lanzhou Morning News, „>Stone from Outer Space< found in Lanzhou", 26. Juni 2002

Out-of-place Artefakt (OOPArt): http://atlantisforschung.de/index.php?title=Out-ofplace_Artefakt_%28OOPArt%29

Patterson, Bryan und Howells, William W.: Hominid Humeral Fragment from Early Pleistocene of Northwestern Kenya. In: Science. Band 156, Nr. 3771, 1967 https://science.sciencemag.org/content/156/3771/64

Pauwels/Bergier: Die Entdeckung des ewigen Menschen. München 1975

Niel, Fernand: Auf den Spuren der großen Steine. Stonehenge, Carnac und die Megalithen. 1991

Schuldt, Ewald: Steinzeitliche Grabmonumente der Insel Rügen. Museum für Ur- und Frühgeschichte, Schwerin 1971.

Sprockhoff, Ernst: Die Nordische Megalithkultur (= Handbuch der Urgeschichte Deutschlands. Band 3). De Gruyter, Berlin/Leipzig 1938

Ward, Peter/ Kirschvink, Joe: Eine neue Geschichte des Lebens. Wie Katastrophen den Lauf der Evolution bestimmt haben. München 2016

Wiemer, Gesine: Rätsel um die Domestikation des Pferdes ist gelöst - Ort und Zeit jetzt bekannt. http://idw-online.de/pages/de/news311226

https://www.grenzwissenschaft-aktuell.de/finden-sich-in-geologischen-aufzeichnun-genhinweise-auf-fruehere-zivilisationen20180419/

Atlantis goes to Hollywood: Verlorene Welten auf der Leinwand

Burroughs, Edgar Rice: The Land That Time Forgot. 1st World Library 2004

Burroughs, Edgar Rice: Caprona – Im Reich der Dinosaurier. 2000

Obrutschew, Wladimir: Plutonien. Berlin 1988

Verne, Jules: Reise zum Mittelpunkt der Erde. Hamburg 2015

Mattes, Daniela und Roth, Roland: Geheimnisvolle Unterwelten - Mythos, Legende, Forschung. Groß-Gerau 2021

https://www.arthur-conan-doyle.com/index.php/The_Lost_World_(movie_1925)

https://de.wikipedia.org/wiki/Die_verlorene_Welt_(1925) ...Edgar_Rice_Burroughs.../Plutonien .../H._Rider_Haggard /Quatermain_Auf_der_Suche_nach_dem_Schatz_der_Könige .../Quatermain_und_der_Schatz_des_König_Salomon
Als Quellen dienten zudem die genannten Filme aus der privaten Filmsammlung von Roland Roth.

Kapitel II: Geheimnisvolle Orte der Vergangenheit
Rätselhafte Vorzeit: Verborgene Megalithen im Fichtelgebirge

Bauer, Wolfgang / Zerling, Clemens: Das ganz andere im Stein. Wenn Steine, Felsen und Berge ihr vollständiges Sein offenbaren. Darmstadt 2013
Bedal, Karl: Rätselhaftes, versunken, vergessen, unsichtbar. Hof 1986
Herrmann, Dietmar: Lexikon Fichtelgebirge. Hof/Saale 2000
Pachelbel, Johann Christoph von: Ausführliche Beschreibung des Fichtel-Berges in Nordgau liegend, von einem Liebhaber Göttlicher und Natürlicher Wunder-Wercke, 1716.
Schinner, Bernd: 111 Orte im Fichtelgebirge, die man gesehen haben muss: Reiseführer. Köln 2019
Wittmann, Leonhard: Flurdenkmale des Stadt- und Landkreises Nürnberg. Nürnberg 1963
Zemek, Rudolf: Von Menhiren und besonderen Steinen im Fichtelgebirge. Weißenstadt 2010
http://www.bayern-fichtelgebirge.de/hochebene/14.htm
http://fichtelgebirge.bayern-online.de/die-region/natur/felsen/
https://www.kulmain.de/verzeichnis/objekt.php?mandat=91444
http://www.suehnekreuz.de/
http://www.suehnekreuz.de/bayern/kulmain.htm
https://de.wikipedia.org/wiki/Ferschweiler-Plateau
https://de.wikipedia.org/wiki/Liste_der_Steinkreuze_im_Landkreis_Nürnberger_Land
https://de.wikipedia.org/wiki/Witzlasreuth
http://wunsiedel.de/tourismus/felsenlabyrinth-luisenburg/
https://fr.wikipedia.org/wiki/Grosse_Pierre_de_la_Rigaudiere

Vergessene Welten: Steinzeit in der Heide

Benstem, Anke / Schaper, Iris: Lüneburger Heide: Natur zwischen Heidekraut und Wacholder. Steinfurt 2015

Bispingen. Lüneburger Heide. Wander- und Freizeitkarte. Bispingen Touristik 2014

Bispingen Rundwanderwege. Bispingen Touristik 2015

Petschel, Günter: Sagen und Märchen aus der Lüneburger Heide. Husum 2020

Rickling, Matthias: Der Sagenschatz der Lüneburger Heide in einem reich bebilderten Band, der dazu einlädt, der Fantasie freien Lauf zu lassen: Die schönsten Geschichten und Legenden. Erfurt 2018

Schlüter, Alexandra: 52 kleine & große Eskapaden in der Lüneburger Heide: Ab nach draußen! Köln 2019

Sprockhoff, Anna / Thomas, Dennis: Sagenhaft. Serie in der Landeszeitung Lüneburg 2008

https://www.lueneburger-heide.de/natur/sehenswuerdigkeit/3888/oldendorfer-totenstatt.html

https://www.lustauflueneburg.de/sagen/

https://www.samtgemeinde-amelinghausen.de/themenseite/urlaub/natur-freizeit/erlebnis-jungsteinzeit/oldendorfer-totenstatt-2.aspx

Vergessene Welten auf Usedom: Das Hünengrab von Lütow

Becht, Sabine / Talaron, Sven: Usedom. Individuell reisen. Erlangen 2020

Grondkowski; Frank: Sagenhaftes Vineta - Atlantis des Nordens? In Q´PHAZE - Realität anders! Ausg. 4/2014. Nr. 36

Roth, Roland / Grondkowski, Frank: Das Unbekannte gibt es nicht. Vergessene Orte und verlorenes Wissen. Groß-Gerau 2021

https://atlantisforschung.de/index.php?title=Das_Atlantis_der_Ostsee_-_Mythos_Vineta

http://grosssteingraeber.de/seiten/deutschland/mecklenburg-vorpommern/luetow-netzelkow-1.php

http://www.karls.de/

https://www.insel-usedom-wollin.de/luetow/grosssteingrab.html

https://www.lueneburger-heide-attraktionen.de/huenengraeber-lueneburgerheide.html

https://ostseemagazin.net/grosssteingrab-luetow/

http://de.wikipedia.org/wiki/Vineta

Spurensuche im Norden: Megalithbauten auf Rügen

Becht, Sabine / Talaron, Sven: Mecklenburg-Vorpommern. Erlangen 2018

Berlitz, Charles: Der Achte Kontinent. München 1998

Berlitz, Charles: Das Atlantis-Rätsel. München 1976

Freska, Martin: Das verlorene Atlantis. Frankfurt 2000

Horn, Roland M: Atlantis. Alter Mythos – Neue Beweise. 2009

Langbein, Walter-Jörg: Monstermauern, Mumien und Mysterien. Band 14. Würselen 2021

Talaron, Sven: Rügen. Individuell reisen. Erlangen 2020

http://grosssteingraeber.de/seiten/deutschland/mecklenburg-vorpommern/insel-ruegen.php

http://grosssteingraeber.de/seiten/deutschland/mecklenburg-vorpommern/insel-ruegen/bergen-jaromarstein.php

https://ostseemagazin.net/huenengraeber-ruegen/

https://www.stadt-bergen-auf-ruegen.de/Stadtleben/Bergen-erleben/Historische-Stadtrundgänge/Kirche-und-Klosterhof/

https://de.wikipedia.org/wiki/Pöppendorfer_Großsteingrab

Kaiserstadt Goslar und die Hyperboreer: Relikte der Vergangenheit

Burdach, Konrad: Der Gral. Stuttgart 1974

Drösler, Rudolf: Astronomie in Stein, Leipzig, 1990

Fischer, Gottfried: Vielfalt und Einheit der Religionen. Von Odin bis Allah, in Magazin2000plus, Ausgabe 02/2011

Graichen, Gisela: Das Kultplatz-Buch. 1999

Griep, Hans-Günther: Die Klus vor Goslar, Felsenkapellen und Felsenheiligtümer. In: Goslaer Bergkalender 1960

Grimm, Jacob: Deutsche Mythologie - Band 3 - Seite 133, E. Hugo Meyer,1965

Hermerding/Lassen/Raub: Die Magier vom Klus. Wedemark 1995

Lauer, Julius Franz, Beccard, Theodor, Hertz, Martin: Literarischer Nachlass, Bd. 1 – 2. 1851

Roth, Roland: Der Klusfelsen, Magazin2000plus, Nr. 217

Roth, Roland: Das Geheimnis der blauen Blume, Magazin Matrix3000, Band 63, 2011

Vogler, Mike: Mysterium Heiliger Gral. Leipzig 2010

Vogler, Mike: Hexen, Teufel und Germanen. Leipzig 2012

Harzer Kultplätze: Wo Hexen tanzen und der Teufel Mauern baut

Eckart, Theodor: Burg Scharzfeld in Geschichte und Sage. In: Geschichte Südhannoverscher Burgen und Klöster. 3 Auflage. II, Verlag von Bernhard Franke, Leipzig 1906

Friedrich, Ernst Andreas: Naturdenkmale Niedersachsens. Landbuch-Verlag. Hannover 1980

Göbel, Dr. Peter: Harz. Rund um den Berg der Hexen. Stuttgart 2013

Hanle, Dr. Adolf: Meyers Naturführer Harz. Leipzig 1992

Hermerding/Raub: Lage atlantischer Kultstätten im Harz, Karte

Kiehne, Carsten: Sagenhafter Brocken. BoD 2017

Langbein, Walter-Jörg: Monstermauern, Mumien und Mysterien. Band 14. Würselen 2021

Luczyn, David: Magisch Reisen Deutschland. München 2000

Roth, Roland: Vermächtnisse der Vorzeit. Groß-Gerau 2006

Roth Roland & Grondkowski, Frank: Das Unbekannte gibt es nicht. Vergessene Orte und verlorenes Wissen. Groß-Gerau 2021

Rohkam, Heinrich: Sechs Märchen um Bad Harzburg. Osterode, Giebel & Oehlschlägel. 1971

Vladi, Firouz: Die Burg Scharzfels, Verlag Jungfer, Herzberg 1990

Vogler, Mike: Hexen, Teufel und Germanen. Leipzig 2012

Vogler, Mike: Rätsel der Geschichte. Ebook. Dresden 2014

http://www.burgenwelt.de/scharzfels/scharzfels.htm

https://www.dasversunkeneheiligtum.de/weitere_bedeutende_kultstaetten

http://www.harzlife.de/harzrand/steinkirche.html

https://www.harzlife.de/kurios/elwedritsche-harz.html

https://harzwelten.online/sagen/der-zwergenkoenig-huebich/

http://hgnord.de/artikel/steinkirche_scharzfeld.html

https://www.harz-travel.de/Regionales/Harz-Sehenswuerdigkeiten-Highlights/Teufelsmauer/

Der flüsternde Stein von Wolfershausen: Ein Überbleibsel verlorenen Wissens?

Burke, John und Kaj Halberg: Seed of Knowledge, Stone of Plenty: Understanding the Lost Technology of the Ancient Megalith-Builders. Kanada 2005

Carnac, the Energy Engine. http://www.hedgedruid.com/tag/kaj-halberg/

Devereux, Paul: Den Drachen reiten. Eine kurze Geschichte des Dragon Projects. Hagia Chora Ausgabe 18-2004

Groht, Johannes: Menhire in Deutschland. Landesamt für Denkmalpflege und Archäologie Sachsen-Anhalt, Halle (Saale) 2013

Hausdorf, Hartwig: Die Botschaft der Megalithen: Wer erbaute die steinernen Wunder? München 2015

Kappel, Irene: Steinkammergräber und Menhire in Nordhessen. Staatliche Kunstsammlungen, Kassel 1978, (Führer zur nordhessischen Ur- und Frühgeschichte 5)

Roth, Roland: Technogötter. Vorzeitliche Hochtechnologie und verschollene Zivilisationen. Ancient Mail Verlag, Groß-Gerau 2011.

Roth, Roland: Vergessene Zeugnisse alter Kulturen. Auf den Spuren der Megaltihkultur in Deutschland, in: Phantastische Orte. Exkursionen in die Vergangenheit. Wasungen 2014

Schoch, Robert: Die vergessene Zivilisation: Die Bedeutung der Sonneneruptionen in Vergangenheit und Zukunft. Groß-Gerau 2014

http://www.felsberg.de/w3a/cms/Tourismus__und__Stadtinfo/Felsberg_und__Stadtteile/Stadtteile/Wolfershausen.172129.html

https://interestingengineering.com/temples-resonates-frequency-111-hz

https://www.spektrum.de/news/gibt-es-eine-gemeinsame-wurzel-der-megalithkultur/1623910

http://www.steinkreise.de/roll.html

http://de.wikipedia.org/wiki/Megalithkultur

https://de.wikipedia.org/wiki/Megalithkultur#Die_Datensammlung

Wichtel, Märchen und rätselhafte Felsen: Seltsame Einflüsse auf dem Dörnberg

Sagen und Geschichten aus Nordhessen von Weser, Diemel und Fulda, zusammengestellt von Eberhard Michael Iba, 1990, Verlag CW Niemeyer Hameln

Hufschmidt, Fritz: Versuch einer Geschichte des oberen Warmetals, Wolfhagen, 1905, S. 73-75

Hessen sehen und erleben. Herausgegeben vom Hessendienst der Staatskanzlei. Wiesbaden 1987

Burg, Isak K.: Geheimnisvolles Nordhessen: Dörnberg Geschichten

http://www.dimensionssprung.de/kraftorte-18-198,Kraftorte_Die_Helfensteine_am_hohen_Doernberg_bei_Zierenberg_Kassel.html

Frau Holle: Auf den Spuren der Muttergottheit

Göttner-Abendroth, Heide: Frau Holle – Das Feenvoolk der Dolomiten, die großen Göttinnenmythen Mitteleuropas und der Alpen. Königstein im Taunus 2005

Kiehne, Carsten: Sagenhafter Nordharz. BoD 2018

Kollmann, Karl: Frau Holle und das Meißnerland. Heiligenstadt 2005

Mattes, Daniela & Roth, Roland: Geheimnisvolle Unterwelten. Groß-Gerau 2021

Paetow, Karl: Frau Holles Heimkehr zum Meißner. In: Frau Holle: Märchen und Sagen. Kassel 1952

Paetow, Karl: Frau Holle. Volksmärchen und Sagen. Husum 1986.

Rölleke, Heinz (Hrsg.): Kinder- und Hausmärchen, Nr. 24, geammelt durch die Brüder Grimm. Vollständige Ausgabe auf der Grundlage der 3. Auflage (1837). Darmstadt 1999

Rüttner-Cova, Sonja: Frau Holle - Die gestürzte Göttin: Märchen, Mythen, Matriarchat. Basel 1986

Frau Holle kommt zu sexy daher, auf hr-online.de:
https://archive.vn/20070630005434/http://www.hr-online.de/website/rubriken/nachrichten/index.jsp?rubrik=5710&key=standard_document_2210110

Zierscheibe eines Pferdegeschirrs aus einer Grabkammer der Merowingerzeit: https://datenbank.museum-kassel.de/18465/

http://www.goettin-holle.de/Das-Maerchen-von-der-Frau-Holle.html

https://www.naturparkfrauholle.land/frau-holle/sagen-mythen/sagenfigur-frau-holle

https://de.wikipedia.org/wiki/Anahita

https://de.wikipedia.org/wiki/Frau-Holle-Teich

https://de.wikipedia.org/wiki/Kitzkammer

zudem: Bildtafel am Oderteich, Harz.

Die steinerne Pfalz: Seltsame Felsen aus vergangener Zeit

Dahner Burgen. Informationsheft Gerneraldirektion Kulturelles Erbe Rheinland-Pfalz. Felsenland Sagenweg. Touristinformation Dahner Felsenland.

Magin, Ulrich: Kleines Pfalz-ABC. Fotos von Peter Kauert. Husum 2018

Magin, Ulrich: Pfälzer Mysterien. Über Schauriges und Unglaubliches in der Pfalz. Mit Fotos von Peter Kauert. Neustadt a.d. Weinstraße 2019

Roth Roland & Grondkowski, Frank: Das Unbekannte gibt es nicht. Vergessene Orte und verlorenes Wissen. Groß-Gerau 2021

Schmitz-Veltin, Stefanie und Ansgar: Pfalz. Individuell reisen. Erlangen 2020

https://www.outdooractive.com/de/route/wanderung/pfalz/bad-duerkheim-histori-scher-rundwanderweg-leistadt/54682267/

https://www.pfalz.de/de/sehenswuerdigkeit/teufelsstein

https://www.spurensucher.eu/

https://www.suedlicheweinstrasse.de/touren/tour/bad-duerkheim-historischer-rund-wanderweg-leistadt/tour.html

https://de.wikipedia.org/wiki/Bad_Dürkheim

http://www.dahner-felsenland.net/fileadmin/uploads/Tourismus/Wandern/dahnfel-senpfad_01.pdf

https://www.indiana-stones.de/

http://www.outdooractive.com/de/regionaler-wanderweg/pfalz/bad-duerkheim-historischer-rundwanderweg-leistadt/2808739/

Merlins Garten: Megalithen im Elsass

Betz, Werner: Portale – Eine Spurensuche in Vergangenheit und Gegenwart. Groß-Gerau 2021

Klimt, Susanne: Magische Orte im Elsass. Band 1. Groß-Gerau 2021

Zürcher, Ramon: Vergessene Vergangenheit in unseren heimischen Wäldern. In: Tagungsband der A.A.S. Forschungsgesellschaft für Archäologie, Astronautik und SETI. Leipzig 2020. Groß-Gerau 2021

https://www.indiana-stones.de/mystische-stätten/mystische-stätten-im-elsass/verlo-reneck/

https://www.indiana-stones.de/mystische-stätten/mystische-stätten-im-elsass/le-sautdu-prince-charles/

https://www.lieux-insolites.fr/basrhin/eck/eck.htm

https://de.wikipedia.org/wiki/Äquinoktium

http://www.traine-savates-willerwald.com/article-compte-rendu-sortie-verlorene-eck-123485752.html

Nachwort: Versunkene Welten gestern, heute, morgen

Lippert, Peter und Schmidt, Dr. Klaus-Ullrich: Das Leuchten der Megalithen. Die Kultur kam nicht von den Sternen. Aachen 2013

Mann, Golo: Deutsche Geschichte des 19. und 20. Jahrhunderts. München 1958

Rudgley, Richard: Abenteuer Steinzeit. Die sensationellen Erfindungen und Leistungen prähistorischer Kulturen. Wien 2001

Seeburg, Carina: Wie Zivilisationen zerfallen. SonntagsZeitung, Zürich, 10. Januar 2021.

Plus Codes

Hinweis zu den Koordinaten: Google Plus Codes basieren auf Breiten- und Längengraden. Für sie wird ein einfaches Rastersystem und ein Satz aus 20 alphanumerischenZeichen verwendet. Plus Codes funktionieren ähnlich wie Adressen. Sie können damit eine einfache digitale Adresse abrufen. Verwenden Sie Plus Codes wie Adressen, um nach Orten zu suchen. Wie funktionierts? Öffnen Sie Google Maps auf dem Computer. Geben Sie im Suchfeld den Plus Code ein. Mit der mobilen Webversion von Google Maps oder die Google Maps App auf Ihrem Android-Smartphone oder -Tablet ist es ebenso einfach: Geben Sie im Suchfeld einfach den Plus Code ein. Alle Angaben sind ohne Gewähr.

Fotos

Alle Fotos von Roland Roth, mit Ausnahme von: Vorwort, Bild: Die Errichtung Stonehenges durch einen Riesen mit Unterstützung von Merlin. Bild gemeinfrei. https://upload.wikimedia. org/wikipedia/commons/a/a4/BLEgerton3028Fol30rStonehenge-Cropped.jpg

Kennen Sie verborgene Orte?

Wenn Sie, liebe Leserinnen und Leser, interessante Plätze kennen, die einen mystischen Zauber besitzen oder aus unserer spannenden Vergangenheit sind, dann schreiben Sie mir. Haben Sie Fragen oder Anregungen? Ich freue mich über Ihre Zuschriften unter der Email-Adresse: **roth-verlag@web.de**

Über den Autor

Roland Roth, Jahrgang 1971, ist seit vielen Jahren Autor von populärwissenschaftlichen Artikeln in verschiedenen Fachzeitschriften und Anthologien. Bis 2019 war er Chefredakteur und Herausgeber des populärwissenschaftlichen Magazins „Q'Phaze – Realität anders!". Etliche Reisen und Recherchen an mystischen Plätzen und vergessenen Orten sind seine besondere Leidenschaft. Für die Zeitschrift MATRIX 3000 schrieb Roland Roth regelmäßig über fremde Welten und unsere spannende Vergangenheit.

Zu seinen Buchveröffentlichungen gehören u. a. *„Wiedergänger - Was haben Zombies, Dracula und Frankenstein gemeinsam?"*, *„Die fremde Dimension: Begegnungen mit dem Unfassbaren und anderen Realitäten"*, *„Geheimnisvolle Unterwelten: Mythos, Legende, Forschung"* oder *„Das Unbekannte gibt es nicht: Vergessene Orte und verlorenes Wissen"*. Darüber hinaus ist Roland Roth ein großer Hundefan und engagiert sich in der Altenhilfe.

Buchempfehlungen

Natur gestalten

IM STIL EINES ENGLISCHEN
LANDSCHAFTSGARTENS

Von Annette Voigt

Dieses Gartenbuch nimmt Sie mit in drei der schönsten Landschaftsparks Deutschlands, den in Wörlitz, Bad Muskau und Branitz. Exzellente Gärten, die Geschichte, Natur und Gartenkunst vom Feinsten eindrucksvoll verbinden. Besonders zu Wörlitz und Branitz bietet die Lektüre intensive Einblicke, denn Annette Voigt arbeitet hier in der Gartendenkmalpflege der Hofgärtnereien mit. Erfrischend und authentisch schildert sie wie sich ihr eigenes Gärtnern durch diese Mitarbeit veränderte.

Von jeher tun Gärten uns Menschen gut und streben wir in die Natur. „Natur gestalten" wendet sich genau an diese Menschen, die Gärten lieben und es naturnah und ursprünglich mögen und die neugierig sind, wie viel Englischer Landschaftsgarten im eigenen grünen Paradies steckt. Prägnante Projektbeispiele der aktuellen Gartenkultur veranschaulichen, wie dieser faszinierende Gartenstil des 18./19. Jahrhunderts unsere heutige Gartengestaltung prägt. Annette Voigt zeigt dabei Parallelen zwischen vergangenen und gegenwärtigen Gärten auf. Dieses Buch lädt alle Freizeitgärtner: innen ein, ihre Gärten, aus dem Blick der Landschaftsgärtnerei zu betrachten.

188 Seiten, Kartoniert mit Klappen   ISBN: 9783907246849

Heilige Quellen, heilende Brunnen

*Von Wolfgang Bauer &
Clemens Zerling*

„Aus dem Wasser kommt alles, Wasser erhält alles und Wasser enthält alles", lässt Johann Wolfgang von Goethe seinen Faust sinnieren. Im ALTEN TESTAMENT (1 Mos 1, 9. f.) spricht der Herr: Alles Wasser sammele sich unter dem Himmel an „einem" Orte, „damit das Trockene sichtbar werde". Er nannte das Trockene dann Land, das angesammelte Wasser Meer, und „sah, dass es gut war".

In diesem Buch möchten die Verfasser zudem zeigen, wie sehr sich neben medizinisch geprüften Gesundbrunnen und Heilbädern auch noch althergebrachte Vorstellungen von Heiligen Quellen, Mirakel- oder Wunschbrunnen und vom nie versiegenden „Born des Lebens" in unseren Sagen, Legenden und Bräuchen spiegeln. Sie fächern die vielfältigen Kulte und Überlieferungen rund um inhaltsreiches Wasser auf, das aus der Tiefe sprudelt, und stellen uns zuständige Götter und Geister vor. Nicht zuletzt entführen sie uns zu versteckten weissagenden oder inspirativen Gewässern und zu unheimlichen weil scheinbar bodenlosen Schöpfbrunnen; aber auch in noble Kurorte, die behaupten, mit modernen Jungbrunnen aufzuwarten. Ein wunderbares und zugleich wunderliches Lesevergnügen.

300 Seiten m.v. Abb, kartoniert m. Klappen   ISBN: 9783907246467

Wölfe

IN MYTHOS UND KULTURGESCHICHTE

*Von Wolfgang Bauer &
Clemens Zerling*

Sie sind wieder da! Wölfe. Seit dem Jahr 2000 ertönt erneut ihr schauriges Geheul durch die Wälder, gut 150 Jahre, nachdem in Deutschland ihre systematische Ausrottung den Höhepunkt erreichte. Seitdem verzeichnet ihre Population hierzulande beachtliche und zugleich besorgniserregende Zuwächse. Und sie bleiben nicht im Wald. Einzelne Wölfe flanieren ungeniert und geradezu weltoffen durch die Geschäftsmeilen unserer Städte. Schon werden wieder Stimmen laut, die nach rigorosem Abschuss verlangen. Grund genug, der langen polarisierten Geschichte über mehr als 60.000 Jahren von Wolf und Mensch nachzugehen: eine wirklich alte, aber schwer belastete Beziehung. Eng könnte die gegenseitige Annäherung einst gewesen sein. Vielleicht erlernte der Frühmensch vom Wolf die Jagd im Rudel. Doch kippte dieses Arrangement irgendwann und schlug zunächst bei Viehzüchtern in unversöhnlichen Hass um. Manche Fabeln und Legenden stellen Wölfe noch als Seelenführer und willfährige Helfer vor.

396 Seiten, m.v. Abb., Hardcover, A5   ISBN: 9783907246788

Reiner Angermeier

Wald-Yoga

DIE ACHT STRAHLEN
DER SONNE

Von Reiner Angermeier

Dieses Buch ist eine klar ver-
ständliche Antwort auf die drän-
genden Fragen unserer Zeit, in der
wir die Grundlagen unseres Lebens
und die Wälder der Erde in einem
nie gekannten Ausmaß zerstören.
Aus der Sicht des Yoga geht dies
zurück auf die Entfremdung von unserer wahren Natur, die eins mit
der Natur „im Außen", mit den Bäumen, den Tieren und den Strahlen
der Sonne ist. Erst wenn wir uns dieser Verbundenheit erinnern und
den Bund mit der Natur erneuern, kann wirkliche Heilung geschehen,
für uns selbst und für die Erde. Im vorliegenden Buch vereinigen sich
Yoga und Walderfahrung zum Wald-Yoga.

Die Yogasutren von Patanjali sind die Grundlage für unser Verständnis von Yoga. Im Eintauchen in die Praxis von Wald-Yoga erfahren wir die Kraft des Körpers, die Weite des Geistes und unsere
Präsenz. Je mehr Sonnenstrahlen unsere Präsenz erhellen, desto mehr
erkennen wir unsere Natur, die nicht losgelöst ist von der uns umgebenden Natur des Waldes. Dazu gibt dir dieses Buch ganz konkrete
Anleitungen, die auch für Yoga-Neulinge leicht zu verstehen sind und
Yoga-Erfahrenen eine neue Tiefe in ihrer Praxis sowie einen neuen
Zugang zur Natur verleihen.

144 Seiten, Kartoniert mit Klappen   ISBN: 9783906873886

Lexikon der
Pflanzensymbolik

Clemens Zerling

Synergia

Lexikon der Pflanzensymbolik

Von Clemens Zerling

Blumen wecken unsere Bewunderung, auch tiefere Gefühle und Assoziationen. Schon die Bibel preist sie als Symbol irdischer Schönheit und Lieblichkeit, als Ausdruck einer höheren Ordnung in der Natur. Wurzeln, Kräuter und Früchte bereicherten seit Beginn der Menschheit unseren Nahrungsplan, lieferten Heilstoffe und sichern bis heute unser Dasein im Jahreslauf. So bieten sie sich alle als hervorragende Vergleichsobjekte für unser menschliches Sein und unsere Entfaltung an.

Warum ist der Granatapfel ein Sinnbild für Erotik? Wie wurde die Akelei zur Pflanze des Lobpreises göttlicher Herrlichkeit? Was hat der Haselstrauch mit Spiritualität, Magie und Zauber zu tun?

Dieses Lexikon beschreibt die aus der Naturbetrachtung und den geistes- und kulturgeschichtlichen Zeugnissen der Menschheit überlieferte Symbolik von über 300 Pflanzen. 200 davon werden in ausführlichen Porträts, über 100 in Kurzporträts vorgestellt. Sinnbilder aus vergleichender Religionsbetrachtung, Mythen, Mystik, Tiefenpsychologie, Volkskunde und besondere botanische Merkmale bieten auf mehreren Ebenen Möglichkeiten der Annäherung.

340 S. m. zahlr. farb. Abb., gebunden   ISBN: 978-3-939272-90-8